特別支援教育サポートBOOKS

発達障害の ある子への やさしい

「個別の保育・指導 計画」作成ガイド

高畑 芳美・米田 順子・木曽 陽子 ［著］

明治図書

まえがき

　本書でご説明する「個別の保育・指導計画」は，2018年4月に施行された「保育所保育指針」「幼稚園教育要領」「幼保連携型認定こども園教育・保育要領」の3法令のねらいを踏まえています。日本の就学前教育を担う施設は，保育園・幼稚園・幼保連携型認定こども園です。それぞれの施設の始まりの時期や受け入れる子ども達の生活スタイルは少し違いますが，どの保育施設も目指すべき幼児像は同じです。乳幼児期は，「生涯にわたる人格形成の基礎を培う」大事な時期です。どこにいても必要な指導や支援が受けられ，全ての子どもが自分らしさを損なわず，長いこれからの人生に向かって生き生きと，社会に関わる人として成長していくように，保育者は日々の保育に取り組んでいます。

　どの園の保育者も，子ども一人一人の特性や発達に応じ，その子どもの発達の課題に応じた保育を心がけています。しかし，熱心な保育者が，「障害？気質？特性？育ち方？」と戸惑われるタイプの子ども達がいます。そうした子ども達を理解し，支援するためには，子どもへの愛情・熱意だけではうまくいきません。ニュージーランドのネスト幼稚園の園長先生が，「保育には3つのHが必要」と言われていました。「Head, Heart, and Hand：子どもを冷静に見て理解する頭，子どもへの分け隔てのない豊かな愛情，必要な子どもに必要な時に差し伸べる手，

援助」です。理解するためには，しっかりと子ども一人一人を見て，その背景にある特性を見極める力が必要です。そして，保育者は一人ではなく，保育者同士，保護者も含めた子どもを取り巻く人達と協力して「子育ち・子育て」をサポートしていくのです。その共通理解のためには，この「個別の保育・指導計画」は必要不可欠なツールなのです。

　本書は，この「子ども理解」と「子どもへの支援」をできるだけ具体的にまとめました。忙しい保育者がパッと見て，手立てとして取り入れやすく，「個別の保育・指導計画」がまとめられるよう，順を追って説明しています。また，困った行動の背景にある原因もあげて，その原因別の手立ても解説しています。同じ行動に見えても，要因が違えば対応も違います。子どもが本当に困っているサインに気づき，適切に対応するためのヒントにしていただければと思います。
　ぜひ，皆さんの園にいる特別なニーズを持った子ども達を理解し，手を差し伸べていく保育を目指し，一人一人の子どもに合わせた「個別の保育・指導計画」を作成してください。

著者を代表して　高畑　芳美

CONTENTS

第3章
発達障害のある子の**個別の指導計画＆指導実践例**

資料のデータを左の QR コード，または下記 URL よりダウンロードできます。
http://meijitosho.co.jp/268513#supportinfo

※本書事例に登場するのは全て架空の子どもです。
　今まで出会った子ども達の様子を参考に，一般化して紹介しています。

第1章

「個別の保育・指導計画」とは？

1 「個別の保育・指導計画」の位置づけ

(1) 保育における指導計画との関連

　「明日，子ども達と何をして遊ぼうかな？」保育者は，日々クラスの子ども達との1日を思い描きつつ，様々な遊びを考えたり準備したり，また子ども達が遊びやすい環境を設定したりしています。この1日の保育を書いた「保育指導案」（日案）とこれからご説明する「個別の保育・指導計画」は何が違うのでしょう。また，どのような関連があるのでしょう。

　ここでは，最初に日々の保育指導案（日案）と照らし合わせながら，個別の保育・指導計画について考えてみます。

❶ 保育指導案（日案）の位置づけ

　小中学校の教育と違い，保育には教科書がありません。また，生活を区切る時間割もありません。保育者は，目の前のクラスの子ども達を思い浮かべながら，明日の保育の流れを考え，設定し，保育を進めます。では，保育者が，思いつきで子どもとの遊びを考えているかというと，全くそうではありません。一般に「ただ子どもと遊んでいるだけ」に見えるかもしれませんが，保育は，綿密に立てられた各園の保育（教育）課程に基づき，子ども達の生活・遊び・行事を加味し保育時間を組み立てています。

　また，各園の保育（教育）課程とは，子どもが入園してから修了するまでの在園期間全体を通して子どもの実態に沿って保育が展開できるように構成されています。もちろん，学校教育と同様に，保育（教育）課程は，「教育基本法」や「児童福祉法」などの関連法令，「保育所保育指針」「幼稚園教育要領」「幼保連携型認定こども園教育・保育要領」に示されている基本事項を踏まえています。

　つまり，日々の保育指導案は，右図の葉っぱの部分にあたると言えるでしょう。

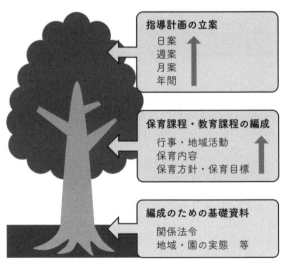

指導計画の立案
日案
週案
月案
年間

保育課程・教育課程の編成
行事・地域活動
保育内容
保育方針・保育目標

編成のための基礎資料
関係法令
地域・園の実態　等

保育課程・教育課程の編成の手順

❷ 乳児保育との関連

　乳幼児期の特性を踏まえ，遊びを中心とした生活を通して発達に必要な経験ができるように作成される保育計画ですが，特に保育園や認定こども園の「乳児保育」では，０・１・２歳児は心身両面において変化や個人差が著しく，一人一人の発育や生活リズムに応じる必要があります。そのため，保育計画においても個別的な計画を作成するように求められており，担当制保育を導入している園もあります。担当制保育とは，子どものオムツ替えや食事など身の回りの介助を担当する保育士を決めている保育の手法です。０・１歳児では，自分に関わってくれる保育士が決まっていることで安心して過ごせるようになり，信頼感や愛着が育つと言われています。こうした担当制保育を導入している園でも，日々の日課や遊びはクラスで決めた「デイリープログラム」や「流れる日課」があり，全体の保育課程にのっとり計画されています。

　個別の保育・指導計画は，この乳児期の個別的な計画を作成することとよく似ています。それは個別の保育・指導計画を書く必要がある子どもの場合，全体の保育計画にある「幼児期の終わりまでに育みたい資質・能力」を念頭におきながらも，個々の子どもの状態に応じたきめ細かい計画を必要とするからです。

❸ 「子ども理解」との関連

　「クラスの月案，週案，日案を立てるだけでも忙しいのに，クラスの中の一人の子どもに対して個別の保育・指導計画を立てるなんて，手間だなあ」と思われるかもしれません。しかし，せっかくみんなに絵本を読み聞かせようとする時に部屋から飛び出して行ってしまう「困った子」という認識だけでは，いつまでたっても飛び出した子どもを追いかける「いたちごっこ」からは抜け出せません。

　個別の保育・指導計画を立てる時にまず大事なことは，「子ども理解」です。「どうして部屋から飛び出したくなるのか」と，その子どもの視点に立って子どもの行動を見直してみると，今まで気づかなかった保育環境の盲点が見えてきたり，実は子ども自身が「絵本に出てくる言葉がわからない」等と困っているといった要因がわかってきたりします。こういうことが苦手，あるいは得意な子どもがいるとわかると，それだけ保育者の「子ども理解」の幅が広がってくるのです。

　そして，個別の保育・指導計画の中で「子どもの実態把握」をすると，クラスの子ども達の関わりも見えてきます。子ども同士の意外な一面を知ることもあります。子ども達の育ち合う姿やクラスの実態がより鮮明に見えるようになることも少なくありません。

　一見同じような活動をしているように見えても，それぞれの子どもの発達にとっての意味は違います。個別の保育・指導計画を必要とする子どもを理解する営みは，これまで保育者が持っている価値観や基準をヴァージョンアップするチャンスかもしれません。

⑵ 法令に定められた個別の保育・指導計画

　ここでは，個別の保育・指導計画を作成するに至った現在の保育が担うべき役割，その社会的背景や現在の制度について，基本的な事項を整理します。

❶ 統合保育からインクルーシブ保育へ

　保育園や幼稚園では，インクルーシブ保育の概念が声高に叫ばれる以前より，障害のある子どもを受け入れ，共に育つ保育を営んできた園が数多くありました。しかし，一緒に過ごす「場」が用意されているだけの「統合保育」という形態であったことも否めません。

　「統合保育」は，障害の有無を区別した上で同じ場で保育するという形態で，障害のある子どもを通常の保育に参加させる意識が強かったのですが，「インクルーシブ保育」は，その区別なく一人一人が違っていて当然という前提に立った保育です。そう考えると，「障害のある子ども」の分類は必要ないのかもしれません。

　この考え方をベースにすると，「障害として認定されていないから，個別の保育・指導計画は必要がない」ではなく，「特別な教育的ニーズのある子どもには全て，個別の保育・指導計画は必要である」と言えるのです。

❷ インクルーシブ保育と合理的配慮

　「障害者の権利に関する条約」は，2006年に国連が採択し，2014年に日本も批准した障害のある人の権利を保障するための国際条約です。この条約では，障害のある子どもとない子どもが共に学び，障害のある子どもに必要な合理的配慮が提供されるインクルーシブ教育システムの必要性が記載されています。つまり，多様な子ども達（障害のある子どものみでなく，性的マイノリティの子ども，外国にルーツのある子ども等も含む）の保育を受ける権利を地域の保育園・幼稚園で保障するための仕組みづくりが求められているのです。

　また，2021年に障害者差別解消法が改正され，2024年4月からは事業者による障害のある人への合理的配慮の提供が義務化されることになりました。インクルーシブ保育を考える上で欠かせない「合理的配慮」ですが，現段階では，まだ具体的な合理的配慮の基準が確立しているとは言えません。ただ，合理的配慮等の具体的な事例はデータベース化され，国立特別支援教育総合研究所の「インクルDB」や内閣府の「合理的配慮サーチ」などがウェブ上で公開されています。

　保育の参考にしてみましょう。

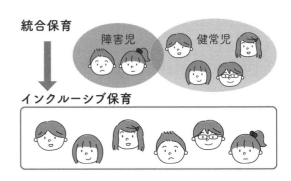

❸ 法令における位置づけ

　保育園は「保育所保育指針」，幼稚園は「幼稚園教育要領」，認定こども園は「幼保連携型認定こども園教育・保育要領」に基づき，保育・教育課程を編成していると述べました。それらの法令では，個別の保育・指導計画はどのように位置づけられているか，確認しておきましょう。

　これらの3法令は，2017年に同時に改定（教育要領は，改訂）され，文言の統一が図られています。その中で，「障害のある子どもの保育については，一人一人の子どもの発達過程や障害の状態を把握し，適切な環境の下で，障害のある子どもが他の子どもとの生活を通して共に成長できるよう，指導計画の中に位置付けること。また，子どもの状況に応じた保育を実施する観点から，家庭や関係機関と連携した支援のための計画を個別に作成するなど適切な対応を図ること」（保育所保育指針第1章総則の3保育の計画及び評価のキより　下線は筆者記入）と記述され，クラスの指導計画の中に障害のある子どもへの支援を含むことが必要とされています。

　また，「障害のある幼児などへの指導に当たっては，集団の中で生活することを通して全体的な発達を促していくことに配慮し，特別支援学校などの助言または援助を活用しつつ個々の幼児の障害の状態などに応じた指導内容や指導方法の工夫を組織的かつ計画的に行うものとする。また，家庭，地域及び医療や福祉，保健等の業務を行う関係機関との連携を図り，長期的な視点で幼児への教育的支援を行うために，個別の教育支援計画を作成し活用することに努めるとともに，個々の幼児の実態を的確に把握し，個別の指導計画を作成し活用することに努めるものとする」（幼稚園教育要領第1章総則の第5の1より）とあり，個別の指導計画の作成と活用が明記されています。

　同様に，幼保連携型認定こども園教育・保育要領には，「（前文略）教育と保育を一体的に提供するため，創意工夫を生かし，園児の心身の発達と幼保連携型認定こども園，家庭及び地域の実態に即応した適切な教育及び保育の内容並びに子育ての支援等に関する全体的な計画を作成するものとする」（第1章総則の第2，1より）とあり，障害のある園児などの指導についても，先の保育所保育指針と幼稚園教育要領に準拠した形でまとめられています。

⑶ 個別の保育・指導計画と個別の支援計画の違い

　先述した幼稚園教育要領の中には，「個別の指導計画」以外に「個別の教育支援計画」という言葉が出てきました。また，幼保連携型認定こども園教育・保育要領の中に出てくる「全体的な計画」とはどのようなものなのでしょうか。ここでは，これらの用語を整理しておきます。本書では，個別の指導計画のうち，幼児期のものをわかりやすくするため，あえて「個別の保育・指導計画」と表記しています。

❶ 個別の支援計画とは

　保育園や幼稚園等が子どもの発達の問題に気づく前に，出生後すぐに医療的ケアを必要としたり乳幼児健診時に気づかれたりし，保護者が育児の中で独自に相談に行くことがあります。そして，薬の服用や手術の時期など医療的ケアの計画がなされていたり，専門的な療育機関での言語訓練，感覚統合訓練等の指導計画が進められていたりします。この場合，支援がバラバラに行われていると，子どもの全体像がつかみにくくなってしまいます。訓練が重なり過ぎて，子どもも親も負担が重く，日々生活をする保育にも影響が出てくる可能性も否定できません。

　そこで，市町村によっては，生まれた時からの状況を１つにまとめた「サポートブック」のようなものを保護者と共に作成し，専門機関の情報や在籍園での状況を共有していく取り組みが行われています。このように生まれてから生涯にわたり，各発達段階に応じた適切な支援をまとめていくものが，「個別の支援計画」です。

❷ 個別の教育支援計画とは

　「個別の教育支援計画」は，支援計画の前に「教育」とあるように，作成主体が教育機関になります。主に，小学校入学から中学校もしくは高校卒業までを見通した支援計画です。

　平成30年に告示された特別支援学校教育要領・学習指導要領解説「総則編」には，「平成15年度から実施された障害者基本計画においては，教育，医療，福祉，労働等の関係機関が連携・協力を図り，障害のある児童の生涯にわたり継続的な支援体制を整え，それぞれの年代における望ましい成長を促すため，個別の支援計画を作成することが示された。この個別の支援計画のうち，幼児児童生徒に対して教育機関が中心となって作成するものを，個別の教育支援計画という」とあり，本人・保護者も含めた関係者でさまざまな情報を共有するためのツールと言えます。

❸ 個別の指導計画とは

　同様に，平成29年告示の小学校学習指導要領解説「総則編」には，「個別の指導計画は，個々の児童の実態に応じて適切な指導を行うために学校で作成されるものである。個別の指導

計画は，教育課程を具体化し，障害のある児童など一人一人の指導目標，指導内容及び指導方法を明確にして，きめ細やかに指導するために作成するものである」と説明されています。

　なお，小・中学校学習指導要領では，特別支援学級並びに通級指導教室に在籍する子どもに個別の指導計画を全員作成することになっており，2018年の文部科学省の「平成30年度　特別支援教育に関する調査等の結果について（概要）」によると，国公私立の特別支援学級に在籍する児童生徒のうち，実際に個別の指導計画が作成されている割合は99.4％，個別の教育支援計画が作成されている割合は96.9％となっています。なお，通常の学級に在籍する幼児児童生徒で，学校等が個別の指導計画を作成されている割合は83.3％，個別の教育支援計画を作成されている割合は73.1％という報告がされています。

❹ 個別の移行支援計画とは

　園から小学校，小学校から中学校等，または特別支援学校と子どもの所属する機関が変わる時，子どもも保護者も見通しが持てず不安が高まります。そこで，新しい環境でスムーズに生活できるように，送り出す側，受け入れる側の関係者が集まり，子どもへの支援の引継ぎや情報交換を行います。その時に使用されるものが，「個別の移行支援計画」です。それだけではなく，教育機関から就労する企業に向けての就労支援への移行時にも活用されるようになり，地域での実践研究が進んでいます。

　ライフステージを見通した息の長い支援が引き継がれることで，それぞれの地域で困難を抱えつつも生き生きと生活できる子ども達が増えるような取り組みが進められています。

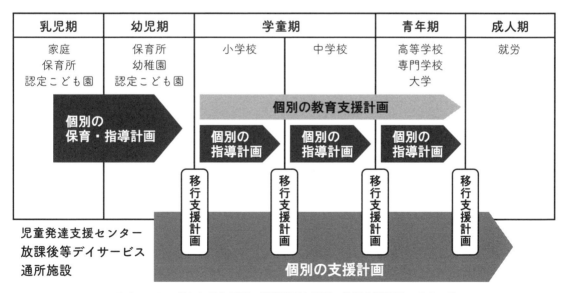

ライフステージにおける個別の指導計画と個別の教育支援計画のイメージ

2 「個別の保育・指導計画」を作った方がよい子ども

(1) 保育の中の気になる子ども

　入園式・始業式の出会いから，子どもの保育が始まります。保育者も４月に自身の担当する保育室の環境を整えながら，「このクラスで子ども同士の関わり遊びをいっぱい体験させていきたい」とか「自分の好きな遊びが見つけられて，一人一人が園生活を楽しめるようになってほしい」などとクラスの子ども達と過ごす１年間を思い描いていきます。子ども達の靴箱やカバンをかける棚に名前のシールを貼りながら，「どんな子どもかな」「仲良くなれるかな」と子どもの姿を想像します。

　そして，いよいよ４月の保育が始まり，おもちゃ箱をひっくり返したように賑やかに混沌とした個性豊かな子ども達を受け入れながら，徐々にクラスの生活の決まりや流れが子ども達にも理解できるようになり，５月の連休明けくらいには，一定のクラスの形が決まってきます。そうした時期になっても，やはりまだクラスの生活や遊びの流れに乗れない子ども達がいます。「明日はこの絵本を読んであげよう」と保育者が考えた時に，「待って，また〇〇君は絵本の時間に外に飛び出しちゃうかもしれない」と顔が浮かぶ子どもがいます。日々の保育を考えていく中で，うまく遊びの流れに乗れない子ども，生活のペースが遅れてしまう子ども，保育の中の気になる子どもには，この２つのパターンがあります。そして，どちらのパターンの子ども達にも園での「個別の保育・指導計画」は必要なのです。

❶ 入園までに発達相談や療育を受けている子ども

　入園までに，乳幼児健診で要支援と判定されたり，保護者自身が子育てのしにくさから育児相談や療育を申し込んだりしている子どもがいます。市町村の子育て支援事業や，身近な児童発達支援事業を受けている子どもです。こういう子どもは，保育園や幼稚園に来るまでの情報を各市町村の子ども育成課や保健部などがまとめられていますので，連絡を取り合い，保育の受け入れ環境を準備していきます。保護者もそうした子どものための連携を希望し，積極的な情報の提供をされます。療育の場で作成された個別の支援計画を持参されることもあります。そこで，前述したように，園では，次の図のようにその個別の支援計画の中の一部を担う形で，「個別の保育・指導計画」を作成します。

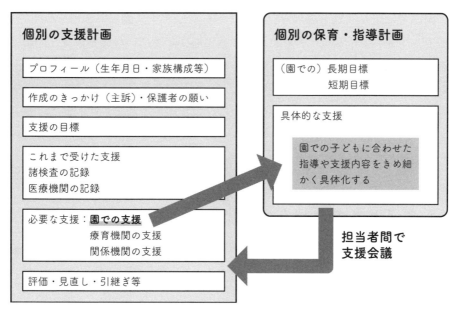

「個別の支援計画」と「個別の保育・指導計画」の関係

❷ 入園後，保育者が気になる子ども

　入園前の面談で，保護者から特に相談はなかったものの，園生活を始めてクラスの子ども達が落ち着いてくる中で，保育者が気になる子どももいます。園での姿を保護者に伝えていくと，「実は療育を受けています」と答えられる場合もあります。「入園まで頑張ったから大丈夫と言われたので，ちゃんとできると思っていました」などと言われる保護者もいます。こうした場合は，保護者の了解が得られれば，先ほどの子どもと同様に，療育機関や関係機関と連絡を取ることで，より詳しい子どもの実態が把握でき，その先の保育での指導・支援の方向が決まります。

　これまでの情報を共有するためにも，子どもの気になることについて，保護者と園が率直に伝え合える関係づくりから始めましょう。個別に保護者と話し合う時間を確保して，まずは保護者がどのように我が子を理解しているかを聞き取るようにします。「他の子ども達は，もうトイレの失敗はありません。しっかり家でトレーニングしてください」などと園側のニーズを一方的に伝えるようなことは絶対にしてはいけません。「一緒に取り組んでいきたいので，家庭でどのようにされているか教えてください」などと，保育者は保護者の子育てのパートナーであるという姿勢で話し合いましょう。

　「個別の保育・指導計画」も，これまでの個別の支援計画を延長する形で，子どもに関係のある担当者間で役割分担し，園での目標を定め，取り組んでいくことになるでしょう。入園までという早期の療育機関もあるので，そこからは個別の教育支援計画へ移行する形で，園が中心となって作成する必要がある場合も出てきます。

反対に，家庭では全く問題を感じていない子どももいます。園での様子を伝えても，「家ではちゃんとできています」とか「そういうことってもうできていないといけないんですか」と逆に反論されて，保育者の方が言葉に詰まってしまうこともあります。この場合も，やはり時間をかけて家庭での子どもの様子を聞き取ること，家族での育児の方針や家庭状況を把握することが重要になってきます。個人情報の取り扱いには配慮を要しますが，地域の保健福祉機関から情報を得る必要がある要支援家族の可能性もあります。まずは，担任保育者が一人で抱えずに，園全体で子どもの実態を把握することから始める必要があります。

(2) 気になる子どもの現状を書き出そう

　入園して2〜3か月経つと，クラスの中に前述したような気になる子どもが出てきます。その子ども達の行動の背景には何があるのでしょう。今までの家庭生活での経験不足でしょうか，それとも後述するような発達上の課題を持っているのでしょうか。特に入園までの情報がない子どもの場合，家庭での様子を聞きとることにも時間がかかるでしょう。

　その時に機能するのが，「園内委員会」という組織になります。園によって様々ですが，構成員は主に園長や主任保育者，学年主担当保育者，その子どもの担任保育者，加配保育者になります。この園内委員会の中心となって動く役割が，特別支援教育コーディネーターです。とは言え，朝7時から夜の7時まで常時園内に子どもがいる保育園やこども園では，なかなかメンバーが揃うのは難しい状況でもあります。短い時間で子どもの情報を共有するために必要な

気づきシート　　　歳児（　　　　）組　名前（　　　　　　　　　）　記録日　年　月

項目	気になる行動	保育者の対応	記録者
基本的生活習慣			
運動（粗大・微細）			
社会性（人間関係）			
言葉（コミュケーション）			
遊び（表現）			

気づきシート

ものが，図のような「気づきシート」です。このシートに，「気になる行動」を書き出してみると，保育者自身にもその子どもが１番困っていることが見えてきます。身の回りの始末に時間がかかるのか，保育者の言葉の指示が入りにくいのか，クラスの遊びについていきにくいのか，独特のくせがあるのかなどが整理されることではっきりします。また，同じ子どもについて，担任保育者だけでなく加配保育者や主任保育者などの立場の違う人も書いてみると，より多面的に子どもの姿が捉えられます。互いのシートをそれぞれの隙間の時間に目を通し，話し合いの時間を短縮します。子ども達のお昼寝の時間，職員会議の後半15分など，時間の確保も特別支援教育コーディネーターの仕事です。共通する項目にマークをし，情報がずれるところは話し合い，次の月までに何をするかを明確にしておきます。主任保育者が登降園時に保護者と話す，担任は子どもと１対１の時間を１日15分は確保する，園長やキンダーカウンセラー（月に１回，園を巡回する専門家）がいる場合は，園外の情報を収集するなど，次の会議までにもっと子どもを多面的に見るための情報を集めていきます。

(3) 気になる子どものベースに潜む「発達障害」

最近は，「発達障害」という言葉をよく耳にするようになりました。そもそもどのような子どものことを指すのでしょうか。一口に発達障害と言っても，ASD，ADHD，LDなどの様々な種類があり，個々により程度の差があるため，障害なのか，個人の性格なのか，育て方なのかがわかりにくい面もあります。原因は様々ですが，生まれつき脳の働き方の違いによって，物事の捉え方や行動のパターンが，同じ年齢の子ども達と比べて違いがあり，発達のアンバランスさが目立つ子どもです。行動や認知の特性によって，大きくは３つに分類されます。また，運動や身辺処理など幼児期に特に目立つDCDについても基本的な特徴を知っておきましょう。また，LD以外の発達障害は，知的障害を併せ持つ場合もあります。

知的障害は，全般的な知的発達が遅れているため，正確な情報の入手や複雑なコミュケーションに困難があります。

軽度（IQ50〜70程度）の場合，簡単な応答はでき生活の身辺自立もできていくので，周囲，子ども自身も気づきにくいことがあります（区分は医学分野での区分で，福祉サービスの区分と異なる）。

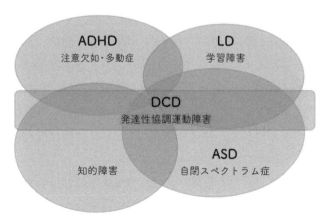

発達障害と知的障害の関係イメージ図

❶ ASD（自閉スペクトラム症）の子どもの特徴

これまで，自閉症やアスペルガー症候群，広汎性発達障害と呼ばれていたものが DSM-5（精神疾患の診断・統計マニュアル第 5 版）において統合されました。コミュケーションや対人関係における難しさ，反復する行動や特定の物事への興味の偏り，感覚の過敏さや鈍感さなどの特徴があります。

そのため，園では，

- ・言葉の遅れやオウム返し（聞いたことをそのまま言う）があり，応答的な会話が苦手
- ・視線を合わせる，他人の気持ちや場の空気を読み取ることが苦手
- ・環境の変化や予定の変更などが苦手
- ・偏食や着るものへのこだわり，入浴や散髪などが苦手 　　　　などの姿が見られます。

❷ ADHD（注意欠如・多動症）の子どもの特徴

不注意（集中力がない），多動性（じっとしていられない），衝動性（思いつくとすぐ行動してしまう）などの特徴があります。このような特徴は 3 歳までの子どもには共通して見られるものですが，3 歳以上になってもこれらの特徴が顕著にどのような場面でも見られ，生活や遊びに支障をきたす場合に，診断がつきます。

そのため，園では，

- ・1 つの遊びが長続きせず，点々と移ってしまう
- ・（やればできないわけではないのに）身の回りの始末ができず，忘れ物やなくし物が多い
- ・すぐカッとしてしまい，友達とのトラブルが多い 　　　　などの姿が見られます。

❸ LD（学習障害）の子どもの特徴

LD は，文部科学省が，「全般的に知的発達に遅れはないが，学習に必要な聞く・話す・読む・書く・計算する・推論するなどの能力のうち，1 つまたは複数の能力においてなかなか習得できず，学習に 2 学年相当の遅れが生じている状態」と定義しているように，学童期以降に診断されます。しかし，中でも「読み書き障害」という音韻意識の課題や，空間認知に困難を持つ子どもの場合は，幼児期においても遊びの様子から気づくことができます。

そのため，園では，

- ・言葉が増えにくく，言い誤りや聞き返しが多い，発音が不明瞭
- ・4〜5 歳になっても，ひらがなや数字に関心を持たない
- ・絵本の読み聞かせに興味を持たない
- ・しりとりや言葉の音の数で集まる遊び（猛獣狩りなど）が苦手
- ・形を覚えたり，線の重なりを見分けたりすることが難しく，絵が描けない

　　　　　　　　　　　　　　　　　　　　　　　などの姿が見られます。

❹ DCD（発達性協調運動障害）の子どもの特徴

　DCD は，１つ１つの身体機能に問題がないにもかかわらず，目で見て身体と対象の距離を測ったり，目と手足を連動して動かしたり，バランスを取ったり，力の入れ具合を調節したりという周囲の情報を統合して運動に結びつけることが難しい，いわゆる「不器用な子ども」です。

　そのため，園では，

- ・スプーンや箸などがうまく使えず，食べこぼしが多い
- ・はさみがうまく使えず，のりで手をべとべとにしてしまう
- ・ボタンをはめたりファスナーを上げたりすることが苦手で，着替えが遅い
- ・三輪車や自転車に乗るのが苦手
- ・縄跳びが跳べない，ボール遊びをこわがる，しない　　　　　　　などの姿が見られます。

❺ 子どもの特徴の捉え方

　以上のように，発達障害には，複数の分類があり，それぞれの特徴に配慮した関わりを考えていくことが重要です。もちろん，「診断名」に捉われ過ぎると，本当にその子どもが困っていることや可能性が見えなくなってしまう危険性もあります。

　しかし，これまでの保育での「日々体験していく中で，何となく理解し，繰り返し練習すればできるようになっていく」という方法だけでは，身につけられないことが多くあり，発達障害のある子どもにそれを強いることは過重な負担になってしまいます。その子どもの目線に立ち，子どもにわかる伝え方や関わり方を工夫する必要があるのです。

　そのため，これらの発達障害のある子どもには，その子どもの持つ特徴を理解した上で，一人一人の子ども自身の異なる個性や生活環境を踏まえた上で，子どもにわかりやすい手立てを書き記す，オーダーメイドの「個別の保育・指導計画」が意味を持つのです。

3 「個別の保育・指導計画」の作成方法

(1)「個別の保育・指導計画」の作成準備

　実際に，「個別の保育・指導計画」を作ってみましょう。

　ここでは，具体的に何をしていくのかを順番に説明していきます。

❶ 個別の保育・指導計画の作成手順

　何から始めたらよいか戸惑われる人もいると思います。まずは，作成の手順を頭に入れておきましょう。この図にあるように，個別の保育・指導計画の作成は，料理の手順と似ています。

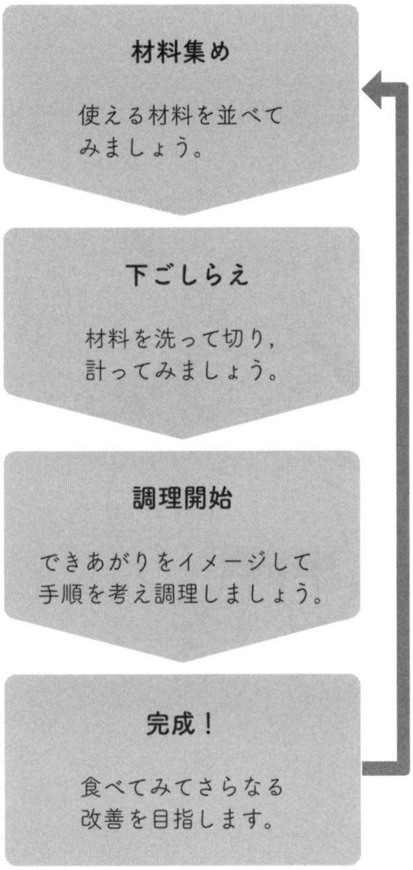

材料集め

使える材料を並べてみましょう。

最初に書いた「気づきシート」を基に，個別の保育・指導計画作成に必要な情報を集めていきます。

下ごしらえ

材料を洗って切り，計ってみましょう。

子どもの気になることをもう一度アセスメント（評価表）に書くことで，今取り組みたい課題を明確にします。ここは，できれば園内の複数の保育者で取り組みます。

調理開始

できあがりをイメージして手順を考え調理しましょう。

できあがり（目標）を設定して，そこまでにすることを書き出していきます。できるだけシンプルに，保育者が無理なくできる支援を考えましょう。

完成！

食べてみてさらなる改善を目指します。

作って終わりではないですよね。実行してみないとその支援に効果があったのかはわかりません。次のステップのための改善点を評価し，確認しましょう。

作成手順のイメージ図

❷ 気づきシートから課題を見ていこう

先述した気になる子どもの「気づきシート」をもう一度見直していきましょう。

次のシートを見てみてください。3歳児，入園して半年経った時期のさくらちゃん（仮名）について担任の2人の保育者が書いたものです。

気づきシート　3歳児（もも）組　名前（さくらちゃん）　　　　　　　　　　記録日　202X年9月

項目	気になる行動	保育者の対応	記録者
基本的生活習慣	着替えができず，大泣きした。	保育者が毎回手伝って着せた。	3歳児担任
運動（粗大・微細）	ジャングルジムなど高い所を怖がって泣き，遊ばなかった。 偏食のためご飯を食べるのに時間がかかった。	嫌がって泣くのでさせなかった。 保育者が一口は食べさせた。	〃
社会性（人間関係）	友達は好きで一緒に寄っていった。	対応は必要なかった。 （静かに遊んでいる友達は好きだった。）	〃
言葉（コミュケーション）	あいさつはできた。 友達に「寄せて」が言えず，黙って側にくっついていた。	対応は必要なかった。 （いつも朝のあいさつは元気でうれしそうだった。）	〃
遊び（表現）	はさみが使えなかった。	保育者が一緒に切った。	〃

ここから，さくらちゃんの課題は，どうやら基本的な運動・操作のところにあるようです。

また，園長先生から，入園前の詳しい情報（1歳半健診，3歳健診で要観察児としてあがっていたが，特に療育は進められていない。姉は，同じ園の年長児，園で大泣きするさくらちゃんのことを母親に話すので，母親も心配している）を得て，母親と担任保育者は時間を取り，小さい頃の話を詳しく聞くことができました。

このように，まずは子どもを取り巻く周囲の環境を確認し，必要な情報（これまでの育ち方，家族の子育て観，家庭での過ごし方，かかりつけ医の話，子どもの好きなことや得意なこと，子どもの好きな人など）の情報を集めていきます。とりあえず，聞いたことはその子どもの記録のページにメモをして，聞き取った日を忘れずに記入しておきましょう。

⑵ 「個別の保育・指導計画」の様式

　個別の保育・指導計画の様式は，決まった形のものはありません。その園で誰でも使いやすい形のものを準備すればよいのです。慣れてきたら，園で独自のフォームを作成してみてもよいかもしれません。そういう作業を通して，保育者同士，互いの保育観や子ども理解のあり方を共有することができるでしょう。ここでは，本書で使用する様式を基に説明します。

❶ 個別の保育・指導計画に必要な項目

　必要な項目は　・子どもの名前・性別・年齢・所属クラス・担任
　　　　　　　　・これまでの情報（入園前・関係機関・クラスの状況）
　　　　　　　　・子どもの現在の課題・考えられる要因
　　　　　　　　・支援の目標・手立て
　　　　　　　　・評価，手立ての振り返り　　　　　　　　　　　　　　　　　などです。

　必要な項目を書き込む枠は，これまでの記録を整理するフレームです。枠があることで，まだ収集しきれていない情報に気づくこともあるでしょう。

❷ 子どもの現在の課題

　これまでの情報から現段階の子どもの課題とその要因を明らかにできればよいのですが，ここが１番難しい作業になります。「どうして他の子どもと同じようにできないのだろう」と担任は困っているわけですから，子どものできない部分に目が向いてしまいます。

　そこで，気になる子どもの現状を少し客観的に把握するために，p.24のようなアセスメントシートを用意しました。大雑把な発達段階の表なのですが，この表の各項目を下の年齢からみていき，できているところは色を塗っていきます。そうすると，その子どもの大まかな発達像ができあがります。

　大切なことは，色が塗れていない部分にだけ注目するのではなく，色が塗れた部分に注目することです。それが子どものできている力なので，まずはその力でできることを考えていけばよいということになるのです。

❸ ジェノグラムとエコマップ

　ここには，現在の家族状況や関係機関のつながりを図式化して描き込みます。家族の中で支援をどれくらい必要としているかが一目でわかるようにします。

　ジェノグラムは家族状況，エコマップは利用している園や学校，関係機関を家族の成員とつないだものです。なお，表記の仕方については，４節の中（p.33〜）で説明します。

　p.24のアセスメントシートは，先ほどのさくらちゃんの現状を色づけしたものです。さくら

ちゃんは 3 歳児ですが，こうしてみると，基本的生活習慣や運動，遊び（表現）のところだけ，ほぼ 2 歳のところまでしか塗れていません。反対に社会性（人間関係）や言語（コミュニケーション）は，年齢相当の力を持っていることがわかります。しかし，園ではその強い部分はまだ十分発揮されていないことに気がつきました。そこに，本児の強みがあると考えられます。

アセスメントシートと個別の保育・指導計画は，それぞれ A 4 サイズ 1 枚です。

アセスメントシートは，期ごとの見直しの時に，できるようになった部分を色づけしていきます。また，エコマップも，期ごとに関連する支援機関に変更がないかなどを確認します。

個別の保育・指導計画は，短期目標から下の部分だけを書き換えていくので，1 年間でアセスメントシート 1 枚と 1 学期 2 学期 3 学期と 3 枚分の個別の保育・指導計画ができあがる形になります。

⑶「個別の保育・指導計画」の目標設定

目標を設定する時に，保護者や保育者は子どもの将来の社会適応を望むあまり，できるようになってほしい「願い」のハードルが高くなってしまいがちです。無理のない目標を設定できるように考えることが大切です。

❶ 子どもを主体とした目標

子どもの目標ではありますが，保護者自身にニーズがある場合，「保護者の願い」が色濃く反映されることが多くなります。子どもについて保護者が困っていることや気になっていることは踏まえつつ，園での子どもの課題を絞って，目標を決めていきます。目標を書く時に，主語は子どもになるような書き方をしましょう。

❷ 目標の設定スパン

先ほど述べたように，将来像をイメージして，「働ける大人になってほしい」のような目標は，長期目標ではありません。この個別の保育・指導計画の長期目標・短期目標の期間は，あくまでも保育園や幼稚園の在園期間内になります。それでも，保育園の場合は，1 歳で入園して 6 歳で卒園するまでに 5 年間あります。1 歳の時に，6 歳の卒園時をイメージして長期目標を立てるのかというと，それは難しいものです。

さくらちゃんのアセスメントシート

アセスメントシート：発達目安表　　202X 年 5 月

*できている項目はチェック欄を 青 で塗りつぶす。短期目標の評価時にできた部分は， 黄 赤 等 に順に塗りつぶす。

年齢時期		①基本的生活習慣	チェック	②運動	チェック	③社会性（人間関係）	チェック	④言葉（コミュケーション）	チェック	⑤遊び（表現）	チェック
0歳	乳児期後期	睡眠のパターンが決まる		物をつまむ、乗せる、入れる、相手に渡せる		いないいないばあを喜ぶ		指差されたものを見る		親指と人差し指で小さい物をつまむ	
		手づかみで食べる		1人立ち、つたい歩きする		後追いや人見知りがみられる		大人の言うことや動作を真似ようとする		積木を持ち替えたり、打ち鳴らせる	
1歳	乳幼児期後期	自分でズボンを脱ごうとする		1人で4歩以上歩く		場所見知りする		意味のある言葉を言う		積木を3～5個積める	
		コップから飲む		滑り台で身体の方向を変えて足から滑る		「ダメ」で手を止める		「パパにどうぞして」など簡単な指示がわかる		なぐり書き（持ち方⇒わしづかみ）	
		スプーンを使い、自分で食べようとする		階段を1段1歩で上がる		同じ年ごろの子どもに寄って行く		目、耳、口など体の部分の名称が2つ以上わかる		ままごとのような再現遊びをする	
2歳	乳幼児期後期	大きなボタンがはめられ		鉄棒にぶら下がれる		他人の表情（笑う・泣く・怒る）を理解する		「パパ、かいしゃ」など2語文で話す		○△□のような型はめや紐通しができる	
		排尿を知らせる		横歩き、後ろ歩き、つま先立ちができる		「自分で」と大人の指示に反抗することがある		赤、青、黄などの色がわかる		真似て、円や十字が描ける	
		スプーンを鉛筆持ちで握るようになる		階段を1段1歩で降りる		子ども同士で追いかけっこをする		日常の簡単な挨拶をする		はさみで1回切りができる	
3歳	幼児期前期	ジッパーの開閉ができる		両足ジャンプができる		ブランコなどの順番を待てる		3つまでの数がわかる		簡単な童謡を1人で歌う	
		オムツがとれる		片足で5秒くらい立てる		テレビの主人公の真似をする		色の名前が5色以上言える		人の絵で顔だけでなく手足が出始める	
		スプーンやフォークが使える		ボールを1回ついて取る		「だるまさんがころんだ」のような簡単なルールを意識して遊ぶ		「ぼく・わたし」の1人称が使えるようになる		はさみで連続切りができる	
4歳	幼児期中期	靴の左右、服の前後がわかり、1人で着替える		片足ケンケンができる		小さい子の世話ができる		絵本の文章を暗記できる		じゃんけんの勝ち負けがわかる	
		自分で尿意を感じて、トイレに行く		鉄棒で前回りができる		勝敗を意識し、負けると悔しがる		「だって、～だから」と理由が言える		描いた絵を説明する	
		フォークと箸を使い分け、こぼさないで食べる		ボールを利き手側で上手投げしたり蹴ったりする		グループで、ごっこ遊びをする		姓名・年齢を正しく言える		はさみで丸を切れる	
5歳	幼児期後期	外出後の手洗いうがい、食後の歯磨きが習慣化する		歌に合わせて簡単なダンスが踊れる		他者の立場や気持ちに配慮できる		子ども同士の会話が理解できる		習った歌を覚えて歌える	
		排尿便の始末が援助なしでできる		ボールを蹴ったり投げたりすることを楽しむ		当番活動などの仕事に取り組める		なぞなぞやしりとりができる		手本を見て、四角、三角が描ける	
		食事のマナーがわかり、食事の時間を意識して食べ切る		スキップができる		じゃんけんを使って順番を決める		昨日の話ができる		積木やブロックを組み合わせて形を作る	
6歳	就学前期	遊びや製作が終わったら後片づけをする		友達と手押し車ができる		社会的なルールやマナーを理解できる		ひらがなや数字が読め、書ける字もある		楽器の分担奏ができる	
		病気の予防、清潔習慣の大切さがわかる		縄跳びの前まわし跳びができる		他者の立場や気持ちを考えて、行動できる		かるたやババ抜きなどのカードゲームができる		地面を意識した説明画が描ける	
		食事の時間にするべきことが1人でできる		竹馬、鉄棒の逆上がりなどに挑戦する		約束を守ろうとする		曜日・季節の名前が言える		コマ回しや折り紙に挑戦する	

（さくらちゃん）のジェノグラムとエコマップ

*家族それぞれの関係機関を確認：変更がある場合は，変更時の日付を入れる。

さくらちゃんの個別の保育・指導計画

202X年度　個別の保育・指導計画

202X年9月作成

名前　さくらちゃん（女）　　年齢　3歳4か月	所属　B幼稚園　3歳児　もも組	（担任　F　）

入園までの情報
　姉が通園しているので，園に来ることを楽しみにしている。

関係機関（保健・医療・福祉）の情報
　1歳半健診，3歳健診で要観察と言われた。

クラスの様子
　18人の子どものうち，近隣の小規模保育園から進級してきた子どもが11人おり，身辺処理はほぼ自立している子どもが多い。それぞれ好きな遊びを見つけ，積極的に動く子どもが多い。

本児の課題
・着替えができない。
・怖がる固定遊具が多い。
・はさみやフォークがうまく使えない。

考えられる要因
・経験不足か，不器用かは不明。
・本児が2歳の時に父母が離婚，本児のできることをゆっくり待つことはできていなかった。

長期目標

着替えや食事などが，自分なりに考えて取り組むことができる。

短期目標（期間　10／1　～　11／30　【2】学期　　　　　）

・体操服の前後ろが見分けられるようになる。
・友達がジャングルジムで遊んでいるのを見る。
・スプーンをペン持ちで使えるようになる。

具体的な指導

〈クラスの環境構成と全体の支援〉
・登園後の着替えやシール貼りの場所を子どもの動線に合わせて，配置する。
・それぞれの場所ですることを一覧の図にして示す。
・運動遊びに取り組む時間が増えるので，子どもの体調管理に注意しておく。
・身辺処理や食事の準備を確認する歌を歌って，友達同士で確認できるようにする。

〈個別の支援〉（合理的配慮）
・服の後ろがわかるようにマークをつける。
・手順表で確認しながら自分一人でできていることを褒める。
・保育者と一緒に，友達の遊びを見て回る時間を確保する。
・スプーンの持ち方の〇・×の写真を用意し，自分の持ち方が〇かどうか自分で確認させる。

短期目標の結果・評価（3段階）　振り返り

生活習慣	1・②・3	体操服の前後は自分で注意して着替えられる。
運動	1・2・③	目標だった3段目まで上り下りできた。
人間関係	1・2・3	
言葉	1・2・3	
遊び（表現）	1・②・3	スプーンは，ペン持ちで使えるようになった。

保護者の評価
近くの公園に遊びに行った時も，自分から一人で滑り台に登ろうとしたのでびっくりしました。たくましくなったように思います。

短期目標の保育の振り返り・今後の見通し・引継ぎ事項
・「ズボンのポケットどこですか，ここですここです」と歌いながら履くので，体操服のズボンの前後は自分で間違えないように気を付けて履くことができた。上着しか支援していないが，自分で応用する力を持っていることに気づけた。
・3学期は，劇のお面やマントのつけ外しがあるので，本児が楽しみながらも余裕をもってできるよう，幕間の時間をつなぐ歌を長めになるように工夫する。

基本的には，長期目標はその年齢の1年間を考え，短期目標は1年間を何期かの保育課程に分けて設定されていると思いますので，その期ごとに考えるというのが1番書きやすいのではないでしょうか。

　クラスの担任になった保育者は，自分のクラスを，「友達同士で助け合える，協力し合えるクラスにしたい」とか，「自分の好きなことをとことんやり切ることのできるクラスにしたい」などとクラスの目標を掲げられると思います。それと同じように，1年後のその子どもの姿を想像して，どうなってほしいか，実現しやすい目標を考えていきましょう。

❸ 達成しやすく評価しやすい目標の設定

　目標は，その子どもが「できた」と満足感が持てるような具体的で達成可能な目標を考えましょう。その意味で，初めて個別の保育・指導計画を立てる保育者は，1年先というよりも一歩先の短期目標から考える方が立てやすいかもしれません。ジャングルジムなどの高いところを怖がって泣くさくらちゃんの場合は，以下のように考えていきました。

短期目標1：友達がジャングルジムで遊んでいるのを見ることができる。

短期目標2：室内にある乳児用の3段のジャングルジムに登って降りることができる。

短期目標3：園庭のジャングルジムで，自分で決めた3段までを登って降りることができる。

長期目標：園庭のジャングルジムで，上まで登って降りることができる。

　短期目標は，今できていることをしっかり認めるということも大事なポイントになります。

　また，このような目標だったら，担任の保育者以外の保育者が見ても，わかりやすく誰もが同じ目線でぶれることなく，目標達成を見守れます。

❹ 達成しやすく評価しやすい目標かを点検

　次のさくらちゃんの目標例を見てください。

短期目標：箸を使ってこぼさないで食べることができる。　　✕　　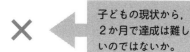 子どもの現状から，2か月で達成は難しいのではないか。

　頑張らせたい気持ちはわかりますが，高すぎる目標設定は子どもも保育者も苦しくなってしまいます。

　また，次のような目標例はどうでしょう。

| 短期目標：手で食べない。 |

「～しない」という書き方は，子どもの行動を否定しているような表現になっているのではないか。

　保護者や保育者にとって，子どもの不適切な行為をやめさせたい思いはわかりますが，「友達を叩かない」「おもちゃを投げない」などを目標とすることは，どうでしょうか。

　我慢させるというよりも，よい行動を増やすという意味で，「友達に言葉で伝えられる」「おもちゃを優しく扱う」のような表現の仕方になるよう工夫しましょう。

⑷ 「個別の保育・指導計画」の具体的な指導

　具体的な指導は，目標を意識しながら保育者が子どもへの関わり方を示す具体的な内容を書きます。保育の場面を想像しながら，「誰が」「どの場面で」「どのような支援」をするのか，現実的で実現しやすい手立てを考えます。ここで「誰が」ということを書いたのは，保育は担任保育者以外に，加配の保育者やパートの保育者が入っている園が増えてきたからです。その人たちは，常時保育に入っているわけではないので，「製作の時間」「体操の時間」などと場面を限り，サポートしてくれる人が何をしたらよいかがわかるように書いていくことが大切です。

❶ クラスの環境構成と全体の支援

　子どもにとってわかりやすく居心地のよい保育室になっているか，もう一度子どもの目線に立って保育室を見回してみましょう。

　大人でも，言葉の通じない海外で，目的の場所まで行こうとした時，案内表示があると安心です。それも現地の文字ではなく，シンボルで示されると方向や乗り物がわかります。このように，駅や公共機関では誰もがわかりやすい使いやすい環境の設定が工夫されています。これを「ユニバーサルデザイン」と言います。

　同様に，初めて保育園や幼稚園の門をくぐった子ども達にとって，保育室は家と違い，どこで靴を脱ぐのか，自分の持ち物をどう始末すればいいのか戸惑うのは当たり前です。まして，言葉の理解が難しい子どもの場合，指示された「お帳面」が何を指すかもわかりません。「出席のシールを貼るノートだよ」とモデルを示されると理解がしやすいでしょう。言葉ではなく目で見てわかるように伝えることを「視覚支援」と呼びます。

基礎的環境整備と合理的配慮の関係図

このように、「ユニバーサルデザイン」や「視覚支援」を取り入れた保育は、多様な配慮を必要とする障害のある子どもや外国籍の子どもに配慮した「インクルーシブ保育」の基本となる「基礎的環境整備」に当たります。クラスの環境構成と全体の支援が「基礎的環境整備」に当たり、個別の支援が「合理的配慮」に当たります。クラスの環境構成と全体の支援「基礎的環境整備」がうまく機能することで、一人一人の個別の支援「合理的配慮」も、より機能しやすくなるのです。

❷ 個別の支援（合理的配慮）

支援の欄では、「〜するように促す」「〜と励ます」「〜を認める、褒める」など、保育者を主語にして書きます。ここでも、「見守る」とか「注意する」のようなあいまいな表現を避け、できるだけ具体的に書くことがポイントです。

次のさくらちゃんの支援の例を見てください。

> 短期目標：一人で体操服に着替えることができる。

という目標を立てた場合、支援する状況は、登園後の身支度の場面です。

この時の支援を考えてみましょう。

| 脱いだ制服を袋に入れさせる。 |

「〜させる」という表現は、子どもに無理やり押しつける支援になってしまいます。

こう書くと、
「早く袋に入れなさい」と声をかけてしまいそうです。

| 制服の片づけに気づかせる。 |

こう書くと、
「脱いだ制服ってどうするんだった？」とさくらちゃん自身に考えさせる声かけになりませんか。

| 体操服の前後を間違えやすいので注意する。 |

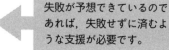

失敗が予想できているのであれば、失敗せずに済むような支援が必要です。

こう書くと、
「ほら、ぼーっとしてるから間違えるのよ」と注意しそうです。

| 事前に、体操服の後ろにマークをつけておく。
マークのある方を上にして並べる。
「マークが後ろ」と言いながら着るよう促す。 |

こう書くと、
「そうそう、上手に着ることができたね」と褒められそうです。

事前にその子どもに必要なお助けグッズを準備したり，声かけのタイミングや話すテンポ，絵の提示やジェスチャーによる示し方，見本となる友達に注目させたりするなど，具体的な支援の仕方を示しておくと，担任保育者以外のサポートがスムーズに行えます。

(5)「個別の保育・指導計画」の評価

短期目標の評価は，最初に立てた「子どもの短期目標」に対して，考えた支援がうまく子どもの目標達成に役立てられたかを振り返るために必要なものです。

評価で一番大切にしたいのは，子ども自身が「できた」「やった」と自分の生活や遊びを生き生き楽しめている姿がみられるようになったかどうかということです。

❶ 評価の基準

各項目で，課題のないところは，評価も不要です。

３段階の評価は，１：達成せず　２：目標の半分程度達成　３：目標達成　となります。

目標が達成しない１の場合は，目標自体を見直すか修正する必要があると考えます。具体的な子どもの姿も忘れずに記述しておきましょう。

❷ 保護者の評価

保護者とも一緒に評価をします。保護者が報告してくれた家庭での変化も記入しておきましょう。家族に褒められることは，子どもにとっても大きな自信につながります。

❸ 保育の振り返り・今後の見通し・引継ぎ事項

立てた計画は，その場限りのものではありません。子どもの次のステップへのつながりが大事です。環境構成や手立ての内容なども含め，振り返りましょう。

・目標と子どもの実態が一致していたか

・保育者の手立ては，子どもにフィットしていたか

などを客観的に振り返ります。

短期目標の結果・評価（3段階）　具体的な子どもの姿			保護者の評価
生活習慣	1・②・3	体操服の前後は自分で注意して着替えられた。	近くの公園に遊びに行った時も，自分から一人で滑り台に登ろうとしたのでびっくりしました。たくましくなったように思います。
運動	1・2・③	目標だった3段目まで上り下りできた。	
人間関係	1・2・3		
言葉	1・2・3		
遊び（表現）	1・②・3	スプーンは，ペン持ちで使えるようになった。	
短期目標の保育の振り返り・今後の見通し・引継ぎ事項			
・「ズボンのポケットどこですか，ここですここです」と歌いながら履くので，体操服のズボンの前後は自分で間違えないように気をつけて履くようになった。上着しか支援していないが，自分で応用する力を持っていることに気づけた。 ・3学期は，劇のお面やマントのつけ外しがあるので，本児が楽しみながらも余裕を持ってできるよう，幕間をつなぐ歌などで時間を長めにする。			

さくらちゃんの短期目標の評価と振り返り

❹ PDCA サイクルによる見直し

　様式のところで述べたように，期ごとに書き直すのは，短期目標と支援の部分になります。目標は，スモールステップで少しずつレベルを上げていきます。

　また，手立ても同様です。視覚支援が有効だからといつまでも視覚支援の絵カードに頼るのではなく，徐々に絵カードを減らすことも考えてみましょう。子どもの方から，「ヒントカードちょうだい」と言われた時にだけ提示するというのもよいかもしれません。その意味で，意識的に支援を減らしていくことも大事なポイントになってきます。

　同時に，保育の1日の流れを示したスケジュール表も見直しましょう。いつまでも同じ形で掲示するのではなく，時計の表示を，「○時○分」と文字に置き換えたり，当番が，保育者から予定を聞いて，スケジュールボードの並べ替えをしたりしてみます。自然に子ども達が見通しを持ち，自分達の遊びや活動のプランニングを立てる練習になります。

　保育室の配置換えも，子ども達と一緒にしましょう。「2学期は製作展があるから，作業する場所は増やした方がいい」などと子どもと話し合って，コーナーの配置や教材の置き場を考えます。子ども達が遊びとして，使い残した紙を四角の形にカットする「紙の散髪屋さん」，残り紙を大きさや色別に分類する「リサイクルショップ」，家から持ってきた廃材を仕分ける「材料屋さん」など，いろいろなアイデアを考え環境整備をしてくれることもあります。それぞれの子どもの得意を活かすことも，大事です。また，子どもが主体的にアイデアを出していこうとすることは，「居心地のよい保育室は誰もが気持ちよい」というこれまでの保育者の取り組みに対する最高の評価でもあります。

4 「個別の保育・指導計画」の活用方法

(1) 連携のツールとしての「個別の保育・指導計画」

　保育所保育指針，幼稚園教育要領，幼保連携型認定こども園教育・保育要領のいずれにおいても，「個別の保育・指導計画」は，家庭や関係機関との連携のために必要なものとされています。ここでは，なぜ家庭や関係機関との連携が求められるのか，どのようにすれば「個別の保育・指導計画」を活用して連携ができるのかをみていきましょう。

❶ 連携が求められる背景

　連携が求められている理由の1つが，子どもの状態や子どもがおかれた背景の多様化です。現在の社会では，生殖技術の進歩や家族に対する考え方の変化などの様々な理由で，子どもの誕生の仕方や家族の形態などのあらゆることが一人一人異なります。同時に，人が多様であると社会に認識されるようになり，多様性を尊重する価値観も広まってきています。

　これまでの「みんな同じ」方法の保育に見直しの風が吹いているのです。特に，特別な教育的ニーズを持つ子どもは，一人一人の違いがより大きく，「みんな同じ」保育では育ちにくさを持っています。こうした子どもの違いに合わせた保育を行っていくためには，保育者一人の力では限界があります。そこで，様々な視点をもった人同士が共に手を取り合い，子どもの育ちを支えていくことが必要と考えられているのです。

❷ 縦と横につながる連携

　連携には，次のページの「縦と横につながる連携のイメージ」のように縦につながるイメージと横につながるイメージの両方が必要です。

　縦につながる連携というのは，乳幼児期，学齢期，青年期と子どものライフステージが変わっても，子どもにとって必要な支援が切れ目なく続くようにするためのものです。たとえば，園から小学校に入学すると環境が大きく変わりますが，子どもが別人のように成長し，これまでの支援が突然不要になるわけではありません。むしろ，環境の変化に子どもが戸惑い，これまで自分でできていたことができなくなってしまう可能性が高いのです。こうしたライフステージの変化に伴う困難さを減らし，子どもが円滑に新しいステージでの生活を行えるような丁寧な支援のつながりが必要です。そのため，これまで積み重ねてきた支援に関する情報を整理

し，新しい場にバトンを引き継いでいく縦につながる連携が求められています。

　横につながる連携とは，同じライフステージ上で，子どもに関わる人同士が手をつなぎ，その時点やその少し先のことを見据えて，それぞれ今何をすべきかを整理し，適切な役割分担をして，子どもに総合的な支援を行います。たとえば，園に在籍している子どもは，園という場だけで24時間を過ごしているわけではありません。家庭はもちろん，児童発達支援などの福祉施設，医療機関，保健センター，その子どもが関わっているところで，情報を共有し，子どもに対して誰がどのように関わり，今の子どもとその先の子どもの育ちを支えていくかを互いに理解し合いながら，それぞれの役割を果たしていく必要があります。

　この縦と横の連携のいずれにおいても，個別の支援計画と個別の保育・指導計画が役に立ちます。どのように役立てていけるかはのちほど具体的に説明します。

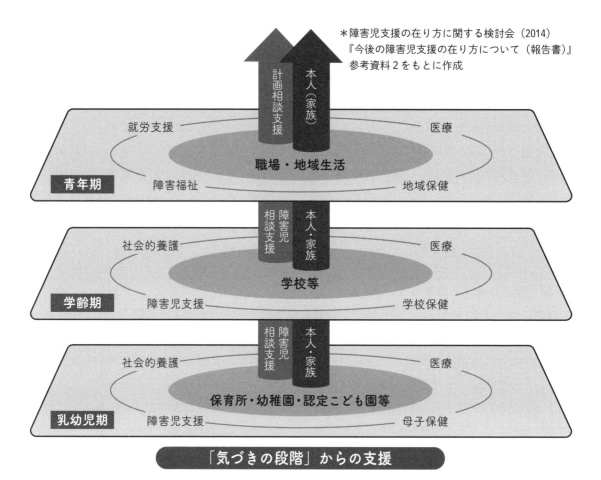

縦と横につながる連携のイメージ

❸ 連携を意識するためのジェノグラムとエコマップ

　保育者は，その子どもの園での姿だけを捉えて保育を行いがちです。しかし，先ほど述べたように，子どもの生きる世界は園だけではありません。子どもの生活全体を捉える視点が重要です。その視点を具体化するツールがジェノグラムとエコマップです。

　アセスメントシートにはジェノグラムとエコマップを記入する欄を設けています。ジェノグラムは一般に家族や親族の関係性について記載します。エコマップは家族だけではなく，その周りにある社会資源（例えば，園や児童発達支援，役所や保健センター，保護者の職場や近所の友達など）との関係を図式化するものです。これらを描くことで，現時点で子どもや家庭がつながっている社会資源を整理することができ，どこからどのような情報を得ることができるか，園はこの中でどのような役割を担うべきかなどがわかりやすくなります。さらに，現時点でつながりが少ない場合には，この先子どもと家族がよりよく生きていくために，どのような社会資源とつながる必要があるかを考えるきっかけにもなります。

　また，このジェノグラムやエコマップは，そもそも図にすることで他者と情報を共有し，連携を取りやすくするためのものでもあります。そのため，描いた本人だけではなく，他者にも理解できる描き方を意識する必要があり，描き方には一定のルールがあります。細かなところでは，各機関によって異なることがありますので，それぞれの場所で共通のルールを決めて描くようにするとよいでしょう。

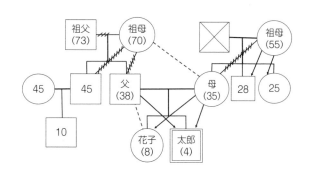

ジェノグラムの例

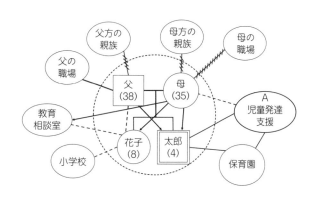

エコマップの例

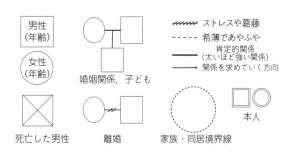

エコマップ等の表記例

❹ 連携のために保育者に必要なポイント

　連携の必要性を説明してきましたが，理解していても，日々の保育の忙しさに紛れ，手を取り合うことは難しいかもしれません。ここでは，連携をしようとする際に生じる課題と，それを乗り越えるためのポイントを紹介します。

　連携のためには，まず「自分だけでは支援が十分にできない」と自身が限界性を認識することが必要と言われています。「一人では無理」と考えるからこそ，他者と手を取り合って，多様で包括的な支援の実現を目指すことにつながるのです。保育者が一人で保育できないことは自分の力不足ではなく，他者と連携し，よりよい保育を行うチャンスと捉えてみましょう。

　実際に連携を開始するためには，他者に援助を求めることが必要となります。もしかすると，それは保育者自身が自分の力のなさを周りに示すようで苦しいことかもしれません。特に，経験を積むほどに自信を失うのが怖くなり，助けを求められないこともあるかと思います。そんな時こそ，個別の保育・指導計画の作成を連携のきっかけとして使いましょう。第１章の２や３でも個別の保育・指導計画の作成のための情報収集では，多様な人の情報や視点が必要になることを説明してきました。よりよい計画を作成するためにも，様々な人に意見を求めていきましょう。

　いざ連携しようとしても，誰と連携すればよいのか，適切な人は誰（もしくはどの機関）かがわからないかもしれません。園内の連携では，園に特別支援教育コーディネーターがいる場合には，コーディネーターが園の職員同士をつなげる役割をします。地域の関係機関については，次の項で主な連携先を紹介します。実際の連携は，担任だけでは難しいですが，特別支援教育コーディネーターや主任，園長を中心に地域の関係機関とつながり，顔の見える関係づくりに取り組んでいきましょう。また，一度連携した関係機関は別の子どもの時に紹介することができる可能性もあるため，関係機関の情報は具体的に記録しておくとよいでしょう。

　他者や他機関と連携する際，支援目標の共有が難しく，それぞれの支援がぶつかり合ってしまうこともあります。しかし，支援の方法が全く同じである必要はありません。目指すべきは子どもの最善の利益です。包括的に支援できるよう，それぞれの職種や機関の特徴に合わせて役割を分けて支援を行うことが重要です。

　さらに連携が進むと，それを深める難しさにもぶつかります。関係者同士が互いによい関係性を崩したくない心理が働き，支援の方針や方法に疑問があっても，それに対して意見を言うことを躊躇してしまうこともあります。保育者は保育の専門性をもち，他の専門職や関係機関とは別の役割をもっています。保育としてできることを意識し，他の専門職や他機関と意見が異なる時も，物怖じせずに意見を表明し，子どものためにどうあるべきか丁寧に話し合い，調整することが真の連携には重要です。

⑵ 具体的な連携のポイント

　次に，実際に連携する際のポイントについて見ていきましょう。ここでは，まず横の連携として，最も身近な園内での連携から，家庭，そして関係機関へと広げていき，最後に縦の連携として園内の学年間の引継ぎと就学先への引継ぎについて説明します。

❶ 園内での連携

　保育者にとって一番身近な連携は，園の職員間での連携です。きっかけは「個別の保育・指導計画」の作成です。連携のタイミングは，大きく分けて以下の４回です。

　まずは，個別の保育・指導計画を作成する前の情報収集の時点です。第１章の２で紹介したように，「園内委員会」で子どもの気づきを書き出します。「気になる子ども」に気がついた時や，子どもへの保育に悩んだ時には，まずは複数の職員間で，その子どもに関する情報を出し合うことから始めるとよいでしょう。この時の複数の職員とは，園の体制や子どもの様子によっても変わります。たとえば，食事面が気になる場合には，園の栄養士や調理員などにも情報を聞き取ることで，保育士が気づいていないことを発見できるかもしれません。また，前学年の担任から当時の子どもの姿を聞き取ることで，子どもの発達過程が見えてきたり，子どもが過ごしやすくなるためのヒントが得られたりすることもあります。

　次は，計画を作成する段階です。特にアセスメントを行う際，複数の視点で検討して話し合うことで，子どもの理解が深まります。担任のみでは，よくも悪くもその子どもの「見立て」が固定化してしまい，子どもの困りの背景に迫りにくくなることがあります。複数の職員で子どもの理解を深めましょう。のちに紹介する巡回相談等，他の専門職や他機関の職員の力を利用することも１つの方法です。それぞれの専門性によって，子どもの理解の視点が変わり，複数の視点を組み合わせることで，その子どもを包括的に理解することにつながります。

　計画を実践する際にも，複数の職員との連携が必要です。先にあげた食事面で支援が必要な子どもの場合には，栄養士や調理員に給食のメニューや形状などを工夫してもらう必要があるかもしれません。活動の中で，個別に子どもに支援が必要な時間がある場合には，担任１人で保育を行うことは大変です。その時間誰がサポートに入るのか，サポートに入る職員はどのように子どもに関わるかなど，事前に協議した上で，実践することが求められます。特別なニーズがある子どもに対しては，加配の保育者がついていることもあります。加配保育者の保育への参加方法は，園やクラスによって異なります。たとえば，支援が必要な子ども１人に常に加配がつく場合もあれば，必要な場面だけサ

ポートする場合，加配と担任の区別をせずに複数担任としてクラスを運営したりする場合があります。どの方法がよいかは子どもやクラスの様子，保育の方法によっても異なりますが，特別な支援が必要な子どももそのクラスの一員であることは間違いありません。個別の支援が必要な場合も，加配の保育者だけに任せるのではなく，クラスの担任と連携して行いましょう。そのために，個別の保育・指導計画は，クラス全体の指導計画の中に位置づけられることが求められているのです。

　最後は，評価の段階です。評価において主となるのは，個別の保育・指導計画を作成し実践した保育者になります。しかし，最初の情報収集の時と同様，子どもの姿を複数の職員で出し合うことで，子どもの姿やその変化を客観的・複眼的に捉えられるようになります。可能であれば，評価の時期には他の職員にも子どもの様子を意識的に観察してもらい，一緒に評価を確認していきましょう。

❷ 家庭との連携

　次は家庭との連携です。子育ての第一義的な責任は保護者にあり，子どもの育ちに一番近くで関わるのは保護者になります。そのため，保護者との連携は非常に重要です。ただ，その前に保護者が子どもをどのように捉えているかという保護者の心情にも寄り添う必要があります。保護者には保護者の思いがあり，それを無視して一方的に子どもの理解を求めると，むしろ保護者の理解を阻んでしまうことになります。ここでは，保護者の心情に合わせた連携のあり方について説明します。

　まず，保護者が子どもの育ちに違和感を持っていない場合，つまり保護者が子どもの姿を気にしていないように見える場合から考えましょう。保育者が「気になる子ども」と捉えているのに，保護者にはそのようなそぶりがないことがあります。このような時には，保育者は，子どもに対する早期支援のためにも，保護者に子どもの気になる姿を理解してもらいたいと願うでしょう。しかし，保護者がそれを受け入れる心の準備ができていないと，保育者が保護者に理解を求めれば求めるほど保護者との関係が悪化してしまいます。この場合は，焦って保護者に理解を求める必要はありません。まずは，園の中で複数の職員と連携をはかり，園内での支援を検討するための個別の保育・指導計画を作成し，園でできる支援から始めていきましょう。この時点では，個別の保育・指導計画を作成していることをあえて保護者に伝える必要はなく，あくまでも保育者が保育を考え，よりよい保育を行うための計画として活用します。ただ，並行して，保護者との信頼関係の構築を目指して，保護者の思いを理解すること，その保護者の思いに対して「よい」「悪い」という審判はせずに，保護者に寄り添う言葉かけを続けていきます。子どもの園での様子を伝える時には，極端によい点だけ，悪い点だけを取り上げるということはせず，子どもの具体的な姿を伝えながら，園でどのように関わっているかを丁寧に伝えていきましょう。園での具体的な関わりを伝える時には，個別の保育・指導計画を作成して

実践していることが役立つでしょう。

　次に，保護者が少し子どもの様子を気にかけ始めた場合です。これまでの取り組みで園に対する信頼が芽生えていると，保護者は子どもの育ちに関する心配事を保育者に吐露してくれるようになります。その時を逃さないことが重要です。保護者が子どもの育ちに関する心配や困りを話してくれた時には，保護者の思いを十分に聴き取りましょう。ここで，保育者は保護者の心配を解消したいと思い，つい「大丈夫！」と励ましたくなりますが，「心配されているのですね」と保護者が感じていることを聞き取ることに徹してください。

　保育者だけで対応が難しいと感じたら，園長や主任など他の職員にも相談してみる旨を伝え，その場では回答を控えましょう。保育者は，保護者の心配に関連する子どもの姿が園ではどうか（どのように見られるか，もしくは見られないか），それに対して園でどのような関わりをしているかなどを具体的に伝えます。

　その後，保育者は保護者から聞き取った内容を園長，主任，特別支援教育コーディネーターなどに伝え，園で共有しましょう。さらに，その後も保護者の心配が継続する場合には，一緒に個別の保育・指導計画を作成し，子どもに合った支援の方法を考えることができることを伝えましょう。保護者の希望があれば，園内支援会議等を開催し，個別の保育・指導計画を作成し，支援を開始します。それ以上の専門的な相談を希望している場合には，外部の専門機関等を紹介します。これらの対応は，担任のみではなく，特別支援教育コーディネーターや主任，園長などと協議し，園組織として行っていくことが大切です。

　最後に，保護者が子どもの特別な教育的ニーズを明確に認識している場合です。この場合は，保護者から園に対して個別の支援を求めてこられることが多いでしょう。また，これまでに受けてきた支援や現在も継続して受けている支援がある場合もあります。他機関で作成している個別の支援計画や指導計画などがある場合には，保護者の許可を得てそれらの収集に努めましょう。ただ，他機関で実施している支援と全く同じ支援が，園でできるわけではありませんし，必要とも限りません。特に，園は集団生活の場であるため支援の制約はあります。入園したばかりの保護者は具体的な状況をイメージできておらず，不安や心配から要望が大きくなってしまう場合もあります。園としては，最初から「できない」前提ではなく，保護者の思いや子どもの姿の理解に努めながら，どうすればその子どもが園の中で生き生きと生活していくことができるか，そのために園はどのようなことができるか，できないことは何かを整理しながら，建設的な話し合いを行いましょう。園としてできることやできないことを整理する上でも，個別の保育・指導計画は重要なツールになります。

　ここまで説明したように，保護者自身が子どもの育ちにくさに気づいていくプロセスがあり

ます。特に子どもに「障害があるかもしれない」と考えることは，保護者の心に大きな葛藤を引き起こし，一筋縄にはいきません。行きつ戻りつ，悩みつつ，子どものありのままを受け入れる過程を，保育者は伴走者として保護者の隣に立ち，共に歩んでいく意識を持ちましょう。

　上記のプロセスの中で，園で個別の保育・指導計画を作成することについて，保護者から了解が得られた場合，作成する会議に保護者も一緒に参加することが望ましいと言えます。ただ，保護者と会議の時間を合わせる難しさがあります。また，保育者が計画作成に自信がないと，保護者の意見に引きずられ，子どもの姿に合った計画ではなくなってしまうかもしれません。そこで，園内で計画案を作成し，保護者に確認してもらう形から始めると無理がないでしょう。

　その場合を想定した個別の保育・指導計画の作成のポイントを示します。

　まず，家庭での様子や子どもに対する願いなどを保護者から聞き取ります。保護者の願いが，現在の子どもの姿からはかけ離れていると感じることもありますが，この先も子どものそばで育ちを見守り続けるのは保護者です。保護者の願いを大事にしながら，現在の子どもの姿に合わせたスモールステップの目標につなげられるよう検討しましょう。目標を調整する過程は，保護者が現在の子どもの姿を客観的に捉える助けにもなります。

　次に，できた個別の保育・指導計画を保護者に説明し，意見を聞きましょう。保護者から意見があれば，それを踏まえてブラッシュアップすることで，より子どもや家庭に即した支援となります。また，具体的な支援の手立てを伝えることは，子どもへの関わり方を保護者に示すことにもなり，保護者の子育て力の向上にもつながります。

　計画の振り返りとして，保育者の実践や到達した子どもの姿を具体的に伝え，計画書の保護者の評価に意見を書き入れてもらいます。保護者から時折，「先生方が素敵な計画を作成してくれるけど，その後それがどうなったかわからない」という声を聞きます。計画の評価の段階でも保護者に実践とそれによる結果を確認してもらい，次の計画作成や実践につなげていくことが大切です。

❸ 関係機関との連携

　多岐にわたるニーズを抱える子どもや家族の場合，園のみでの支援はより難しくなります。その場合は，地域の関係機関との連携の上で，力を合わせて支援を行う必要があるでしょう。関係機関との連携においては，所属する施設周辺の関係機関の情報を集めること，園から積極的に問い合わせ，情報共有する姿勢を見せることが重要です。個別の支援計画や個別の保育・指導計画は，関係機関との連携の貴重なツールです。特に，個別の支援計画には，園だけでな

くこれまでの支援の経緯や，現在どういった機関で支援を受けているかが記入されています。個別の支援計画を通して，それぞれの機関との関わりを整理することで，園の役割も見えてくるでしょう。

　連携の際は，個人情報の保護に気をつける必要があります。乳幼児期の子どもの情報を他機関と共有するためには，基本的には保護者の了解を得る必要があります。しかし，先に述べたように保護者が子どもの姿を理解しにくい場合には，保護者の了解を得られないことがあります。そうした場合，無理に他機関との情報共有を求めず，園で把握している情報をもとに園の中でできる支援から始め，園から要請できるような巡回相談の機会を利用しましょう。ただ，虐待が疑われるケースについては，保育者に通告義務があるため，保護者の了解を得ていなくても，児童相談所等に通告しなければなりません。子どもの様子が気になる場合には，虐待の「可能性」があるかどうかをよく観察しましょう。

　関係機関に問い合わせたり，保護者に情報を聞いたりするためにも，関係機関の種類や役割を知ることが必要です。そのため，次頁の表では，それぞれの関係機関の一般的な役割をあげています。実際には，自治体ごとに機関の名称も体制も異なりますので，所属先の地域の関係機関について情報収集し，整理してみてください。また，それぞれの機関の職員の名前や連絡先までわかると，より連携が図りやすくなります。地域の社会資源マップを作成し，担当者の情報を合わせて明記しておくとよりわかりやすいでしょう。

　近年地域の子育て支援の中核として整備がすすめられているのが，表の１「子育て世代包括支援センター」です。このセンターがどのような体制で設置・運営されているかは各自治体によりますが，子育てに関する支援を包括的に実施する場であり，地域の関係機関との連携・調整の役割を担うものとされています。保育者や保護者が相談先に悩んだ時には，まずここを利用することで，適切な相談先等に関する情報が得られる可能性があります。「子育て世代包括支援センター」がない地域や，あるかどうかわからない場合には，市町村役場の子どもに関わる部署に相談してみるとよいでしょう。

　他に，急激に増加しているのが表の７「児童発達支援センター，児童発達支援事業所（医療型・福祉型）」，８「放課後等デイサービス事業所」です。これらは，「療育施設」や「通所（通園）施設」などとも呼ばれています。１つの施設が７と８のどちらも行っていることがありますが，基本的には７は就学前の子どもが対象，８は就学後の子どもが対象となっています。また，７の中にも「児童発達支援センター」と「児童発達支援事業所」の２種類があります。「児童発達支援センター」は，従来「障害児通園施設」などと呼ばれており，その地域に古くからある施設である場合も多いです。「センター」という名称がついている通り，地域の中核的な役割をもつ施設として，地域の保育園等への助言を行ったりすることも期待されています。そのため，「児童発達支援センター」に通園していない子どもについても，園の中で支援に悩んだ際に相談にのってもらえることがあります。

特別な教育的ニーズのある子どもに関わる主な関係機関とその役割

	機関	特別な教育的ニーズのある子どもに関わる主な役割
1	子育て世代包括支援センター（母子健康包括支援センター）	・妊娠期から子育て期にわたる切れ目のない支援の提供（健診等から子育て支援を一体的に提供） ・必要な情報提供や関係機関との調整，支援プランの策定 （以下の2〜5の機能を併せ持っている場合もある）
2	保健所，保健センター	・乳幼児健診や発達相談などを実施
3	市町村役場の児童福祉部署，保育関連部署	・子どもと家庭に関する相談 ・必要な社会資源の紹介や接続 ・保育園等の入園申込，加配等の申請 ・「通所支援受給者証」の申請・交付
4	福祉事務所，家庭児童相談室	・特別児童扶養手当，ショートステイやホームヘルプ，日常生活用具などの給付手続き
5	教育委員会，教育相談室など	・幼稚園の障害のある子どもに対する加配等の申請 ・障害のある子どもの就学に向けた相談や支援
6	児童相談所	・発達や療育に関わる相談 ・療育手帳の交付に伴う障害の判定 ・施設への入所措置等の手続き
7	児童発達支援センター，児童発達支援事業所（医療型・福祉型）	・主な対象：就学前の障害のある子ども ・日常生活における基本的な動作の指導，知識技能の付与，集団生活への適応訓練などの支援 ・障害のある子どもの家族に対する相談支援 ・地域の保育園等への訪問や助言 ・地域の関係機関との連携
8	放課後等デイサービス事業所	・主な対象：就学後の障害のある子ども ・授業の終了後または休校日に，施設に通わせ，生活能力向上のための必要な訓練，社会との交流促進などの支援を実施
9	障害児相談支援事業所	・7や8を利用する際の利用計画の作成
10	発達障害者支援センター	・発達障害に関する相談や支援 ・発達障害に関する研修や関係機関等への支援
11	医療機関	・障害の診断と必要に応じた治療，投薬，継続的な支援 ・（一部の機関）リハビリテーション，発達検査等
12	通級指導教室（ことばの教室等）	・（一部の地域）幼児期からの子育て相談や個別指導の実施
13	特別支援学校	・要請に基づいて地域の幼稚園や学校等の支援

「児童発達支援事業」と「放課後等デイサービス事業」を行う事業所は，この10年ほどで急増し，利用者数も年々増加しています。事業所ごとに特色や実施形態・時間なども異なります。送迎サービスつきの事業所もあり，園と児童発達支援事業所の並行通園をする子どもも増えています。そのため，一口に「児童発達支援事業所に通っている」と言っても，それぞれの子どもがそれぞれの事業所で経験していることが大きく異なります。また，児童発達支援事業所を複数利用している場合もあり，子どもの1週間の生活の場が複数ある状態も増えています。保育者は，子どもがそれぞれの場でどのような活動をしているかを把握し，園の役割と事業所等の役割を整理しながら，子どもの支援にあたることが重要と言えます。なお，これらの支援を受けるためには，原則「通所受給者証」が必要で，取得のためには市町村の担当窓口か障害児相談支援事業所へ事前に相談しなければなりません。「通所受給者証」がなくても，利用できるところもありますが，その場合は自費での利用となります。

　それ以外に，園に他の専門職などが訪問し，支援や助言を行う制度があります。1つは各市町村が実施している巡回相談です。自治体によって様々ですが，一般的には園等の要請に基づいて障害児支援の専門性を持った相談員が園を訪問し，実際に子どもを見た上で，アセスメントや関わり方への助言などを行います。相談員は保育の専門職ではないことも多く，各相談員の持つ専門性からのアドバイスによって，子ども理解が広がったり深まったりするメリットは大きいと言えます。そのため，個別の保育・指導計画の立案・実施・評価の段階で，巡回相談員に計画を見てもらうことで，より子どもの実態に合った計画の作成・実施となる可能性があります。ただし，実際にどのように子どもに保育を行っていくかは保育者が責任を持って判断し，実施する必要があります。

　もう1つは「保育所等訪問支援」です。これは，表の7「児童発達支援センター，児童発達支援事業所（医療型・福祉型）」，8「放課後等デイサービス事業所」が1つの事業として実施していることが多いです。原則は，利用している子どもの保護者の要請に沿って，依頼された機関の職員が保育園等に訪問して支援を行います。支援には2種類あり，保育現場で子どもに対して直接支援を行う場合と，保育の様子を観察してから，子どもを支援する保育者に助言を行う場合があります。ここでも，園で作成している個別の保育・指導計画を共有しながら話し合うことで，より具体的な支援の検討が可能となるでしょう。

❹ 園内の学年間の引継ぎ

　園の中でも，学年が変わることで担任や保育室，クラスサイズなどの子どもを取り巻く環境が変わることになります。特別なニーズのある子どもは，そうした環境の変化によって前学年の３月とは異なる姿を見せることもあるでしょう。子どもが安心して次の学年の環境で生活を始められるように，これまでの指導の流れを次年度に引き継いでいきましょう。同じ園内であれば，それまでの支援の流れをすでに共有していることもありますが，改めて現担任は年度の終わりにこれまでの個別の保育・指導計画を整理し，次年度の新担任に書類とともに口頭で子どもの様子を伝えましょう。可能であれば，年度が替わる前に，何度か新担任に子どもと関わってもらい，その経験を踏まえて，園内支援会議等で子どもの情報を引き継ぐことができると，これまでの支援の様子がより伝わりやすくなるでしょう。

❺ 就学先への引継ぎ

　就学先への引継ぎは，縦の連携の中でも重要なものです。就学先には，特別支援学校，地域の小学校の特別支援学級，通級指導教室，通常の学級といった多様な学びの場があり，どこに在籍するか保護者が悩むことが多いです。就学先の決定は，本人・保護者の意見を最大限尊重し，教育的ニーズと必要な支援について合意形成を行うことを原則とし，最終的に市町村教育委員会が行うこととされています。そのため，保育者はどこに就学するかにこだわり過ぎず，個別の保育・指導計画を用いて，「これまでどのような支援があることで子どもが生き生きと生活し，育つことができていたか」を保護者等に伝えていきましょう。

　就学先が決まってからは，切れ目のない支援のために，就学先に情報を引き継ぐことが求められます。就学前施設では全ての子どもに対して要録を作成し，就学前までの子どもの育ちを小学校等に引き継ぐことになっていますが，特別な教育的ニーズのある子どもはそれだけでは十分ではありません。これまでの具体的な指導の軌跡が就学後の支援のヒントになることがあり，それが記載されている個別の保育・指導計画を就学先に渡すことも連携の手段になるでしょう。ただ，就学先の小学校に大量の資料を渡しても，忙しい中では丁寧に目を通してもらえない可能性が高いです。そこで，個別の支援計画やサポートブック，移行支援計画などを用いて，必要な情報を厳選して引き継ぐ方がより効果的と言えます。

　また，個人情報保護の観点から，上記にあげた書類は，学校内の鍵のかかるロッカーなどで保管され，実際に子どもに関わる担任が目にしにくいことも指摘されています。そのため，保育者が直接就学先の教師と対話する場を設ける，子どもの様子を見に園に来てもらうなどの工夫が必要になります。子どもが就学予定の学校の特別支援教育コーディネーターや教頭などの管理職に相談し，直接引継ぎを行う場の設定が可能かどうか相談してみましょう。

第2章

子どもの苦手さからみる
保育・指導計画大全

1 基本的生活習慣

(1) 考えられる背景要因

　食事，排泄，睡眠（午睡を含む），衣服の着脱，身の回りを清潔にするなど生活に必要な基本的生活習慣を身につけることは，幼児期の学びの大きい部分を占めています。そして，習慣化することは，躾として強制するものではなく，「自分でやりたい」「自分でできた」という子どもの意欲や自信を育むことが重要なのです。

　次ページの図にあるように，乳児期の後半から幼児期の後半までの長い期間をかけ，子ども達は段階的にこの基本的生活習慣を身につけていきます。

　以前，「5歳になったから箸を使います」と宣言して子どもに箸を使わせようとされた保護者がいました。それまで全く自分で食べようとせず，気が向いた時に手づかみでうどんを食べていた子どもにです。家庭では「箸は危ない」と子どもの前では箸を使って食べる姿も見せていませんでした。それが誕生日を境に「箸で食べなさい」と言われ，子どもはびっくり混乱しました。このような極端な指導をする保育者はいませんが，「もう3歳だから，フォークで食べようね」など，やはり年齢を意識して子どもに指導することはあると思います。

　しかし，同じ年齢のクラスでも，ぽろぽろこぼしてしまう子どももいます。反対にすぐ食べるのをあきらめて遊ぶ子どももいます。このような子ども達の姿の違いは，単に経験不足，先ほどの保護者のような家庭での躾不足だけとは言い切れません。

　基本的生活習慣が習慣化するためには，自分の思い通りに身体が動くこと，何をするのかその必要性も含め理解できること，友達と同じようにしたい気持ちが育つことなど，さまざまな能力が必要なのです。どれかが育ちそびれていると，時間がかかったり毎回言われないとしなかったりします。する時としない時の差が激しい，同じ食材でも調理の仕方で食べたり食べなかったりなど，状況による差が大きい子どもの場合，「わがまま，気まま」というレッテルが貼られてしまうこともあります。しかし，「気になる子ども」の中の発達障害の子ども達は，能力に極端なでこぼこがあるため，余計に難しくなってしまうのです。

(2) 苦手のみとりポイント

❶ 睡眠

保育園や認定こども園では，年長児になるまで「午睡」の時間があります。その時間に「眠れない」「指吸いや性器いじりをする」「おやつになっても起きない」など，睡眠にまつわる保育者の相談は多いです。個人差が大きいため，子どもの睡眠の質やパターンを見極め，無理に寝かせるのではなく，他児の邪魔にならない程度に休息ができたらよいと鷹揚に構えましょう。

❷ 食事

ここにあるように，スプーンからフォーク，箸と扱う用具はステップアップしますが，それらは次の項で述べる「微細運動」がどれくらい発達しているかを見極めることがポイントになります。食材によっても食べやすさは違うので，子ども自身の「食べやすさ」を考えます。「一人で食べられた」という成功体験が次の食べる意欲につながります。

❸ 排泄

尿や便の溜まった感じ，濡れが気持ち悪いと感じるかどうかなど，身体感覚の鈍感さ，逆に敏感さがあることが大きく作用します。子どもの苦手な感覚に配慮しつつ，「シー出たね」と感覚を言語に置き換えることで自分の感覚を理解できる子どももいます。

臭いや暗さ，場所や物へのこだわり，身辺処理の煩わしさから嫌がる子どももいますので，子どもが何を嫌がっているかよく観察しましょう。

❹ 着替え・清潔

3歳以降になると，自分で着替えができることや歯磨きやうがいなど清潔に保つためにすることが課題になってきます。それらも，不器用なのか，意欲がないのか，他に気が散ってしまうのかなど，子どものできなさの程度や原因によって，支援する内容が違ってきます。保育者が自身の教え方に固執するのではなく，その子どもにとっての理解のしやすさ，処理のしやすさを考えていくことが大事です。

年齢 時期		①基本的生活習慣
0歳	乳児期後期	❶ 睡眠のパターンが決まる
		手づかみで食べる
1歳	乳幼児期後期	自分でズボンを脱ごうとする
		コップから飲む
		❷ スプーンを使い，自分で食べようとする
2歳	乳幼児期後期	大きなボタンがはめられる
		排尿を知らせる
		スプーンを鉛筆持ちで握るようになる
3歳	幼児期前期	ジッパーの開閉ができる
		❸ オムツがとれる
		スプーンやフォークが使える
4歳	幼児期中期	靴の左右，服の前後がわかり，1人で着替える
		自分で尿意を感じて，トイレに行く
		フォークと箸を使い分け，こぼさないで食べる
5歳	幼児期後期	❹ 外出後の手洗いうがい，食後の歯磨きが習慣化する
		排尿便の始末が援助なしでできる
		食事のマナーがわかり，食事の時間を意識して食べ切る
6歳	就学前期	遊びや製作が終わったら後片づけをする
		病気の予防，清潔習慣の大切さがわかる
		食事の時間にするべきことが1人でできる

(3) 具体的な指導・支援例

　ここでは，よく問題になる行動の代表例をあげ，その要因と支援のステップを示します。

❶ トイレで排泄ができない

要因1　トイレの雰囲気が苦手

要因2　トイレの水の音が苦手

トイレで排泄ができない

要因3　オムツ以外では尿や便が出ない

要因4　パンツやズボンの脱ぎ着を嫌がる

要因1への支援　トイレの雰囲気が苦手なことへの対応

・子どもが怖がらない明るさにし，トイレのドアや壁にかわいい装飾をつける。

・その子どもの入りやすい位置のトイレにその子どものわかるマークをつける。

・友達と使用する時間をずらし，落ち着いて保育士が対応できる時間を設定する。

要因2への支援　トイレの水の音が苦手なことへの対応

・流す水の音だけ聞きにトイレに入る。

・自分でレバーを動かし水を流す。できたら褒める。

・「ウンチさんバイバイ」と言いながら水を流す。

明るい窓

座って友達の
様子が見える

要因3への支援　オムツ以外では尿や便が出ないことへの対応

・便器でする前にオマルなども使用し，オムツ以外で排泄する感覚を身につける。

・クラスでトイレに行く時間は，友達の後に保育士と行き，座れたらOKとする。

・食後，午睡後などタイミングを見計らって便器に座らせて促し，成功したら褒める。

要因4への支援　パンツやズボンの脱ぎ着を嫌がることへの対応

・夏の時期など薄着の季節からトレーニングを開始する。全部脱いでOKとする。

・トレーニングパンツは脱ぎ着しにくいので，失敗してもよいのでパンツにする。

・子どもは最後引っ張るだけで履けたとするなど着替えが「できた」感覚を味わわせる。

❷ 食事に時間がかかる

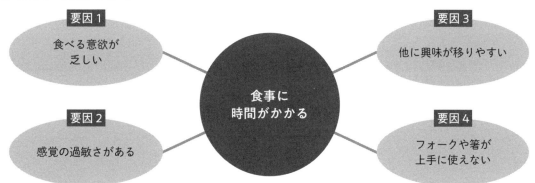

要因1への支援 **食べる意欲が乏しいことへの対応**

- 生活リズムを見直し,「おなかがすく」感覚を感じさせる。
- タイミングよく食事を用意し,「食べたい」時を外さないようにする。
- 楽しく食べることを目標に,美味しそうに一緒に食べる。

要因2への支援 **感覚の過敏さがあることへの対応**

- 子どもの苦手な臭い,味,温度を知り,子どもの好みの調理方法で提供する。
- 食べさせたい食材は調理方法を工夫し,どのような形でも食べられたらOKとする。
- 苦手な食べ物に挑戦する時は,スモールステップで一口でも食べたら褒める。

要因3への支援 **他に興味が移りやすいことへの対応**

- 食事をする場所の環境を見直し,注意が逸れそうなものは見えないようにする。
- 食事の準備に時間がかかる時は,直前に手を洗うなどして待つ時間を長くしない。
- 食べ始めて5〜10分は,話をせず,しっかり食べることに集中させる。
- 注意が逸れる前に「これが好きかな」等の声をかけ,立ち上がらせないようにする。

要因4への支援 **フォークや箸が上手に使えないことへの対応**

- 子どもが使いやすい食器で,食べることが楽しいと感じさせる。
- 持ち方については食事の最初に確認し,途中で持ち直させたり注意したりしない。
- 左右別々の動きがスムーズでない場合は,茶碗や皿の方を保育者が固定する。
  (箸を一緒に持って口に運ぼうとしがちだが,子どもの意欲を大切にする。)
- 食事以外の時間で,トングを使う遊びや紐通しなどの指先を使う遊びをする。

❸ 着替えができない・遅い

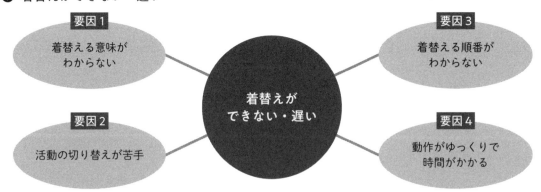

| 要因1 |
| 着替える意味がわからない |

| 要因2 |
| 活動の切り替えが苦手 |

着替えが
できない・遅い

| 要因3 |
| 着替える順番がわからない |

| 要因4 |
| 動作がゆっくりで時間がかかる |

要因1への支援 **着替える意味がわからないことへの対応**

・「なぜ着替えないといけないのか」を子どもにわかる言葉で説明する。

・着替えた後にすることを示し，着替えることへの動機を高める。

・素早く着替えている友達に注目させ，真似したい気持ちにさせる。

要因2への支援 **活動の切り替えが苦手なことへの対応**

・好きな遊びに没頭している時は，早めに「何時になったら着替えるよ」と予告する。

・子どもの遊びの切りのよいタイミングを見計らって，次の指示を出す。

・切り替えられたら褒める。

・「イヤ」「まだ」と拒絶が強い場合は，「次は〜するよ」と先の楽しみを伝える。

要因3への支援 **着替える順番がわからないことへの対応**

・着替える服を全部出し，前後がわかるように並べる。

・パンツの次にズボン，下着の上にシャツ，シャツの上に上着と順番を確認する。

・「右足さんこちらです，左足さんこちらです」等の歌の順番に合わせて着替える。

要因4への支援 **動作がゆっくりで時間がかかることへの対応**

・子どものペースを把握し，他の子どもより先に声をかける。

・着替える間は，他に注意が向かないように，カーテン・衝立で仕切る。

・子どもに「10数える間に靴下履けるかな」などと早さを意識できるようにする。

❹ 活動の切り替えが苦手

要因1 好きな遊びにこだわる

要因2 見通しが持てず不安

活動の切り替えが苦手

要因3 次にする活動が理解できない

要因4 気持ちの切り替えに時間がかかる

要因1への支援 好きな遊びにこだわることへの対応

- 子どもがこだわる遊びは，その子どもが安心できる遊びであることを理解する。
- 切り替えた後の遊びにも，その子どもの好きな遊びの要素を入れておく。
- 「時計の針が10になったらまた続きできるよ」と後でできることを伝える。

要因2への支援 見通しが持てず不安なことへの対応

- 状況が理解できるよう，1日の流れがわかるスケジュール表を作って示す。
- 活動の順番や内容が変更になる場合は，子どもに表を見せながら説明する。
- スケジュール表の時間と保育室の時計の時間を一致させる。

要因3への支援 次にする活動が理解できないことへの対応

- 初めてする活動（身体計測や避難訓練等）は事前に写真等を見せながら説明する。
- 自由遊びの間に，保育者と先に実施する場所の下見をしたり，そこで出会う先生とさりげなく挨拶したりして，場所つなぎ，顔つなぎをしておく。
- 参加時間をずらし，クラスの友達がしているところを見せ，理解させる。

要因4への支援 気持ちの切り替えに時間がかかることへの対応

- 活動の切り替え前に，事前の予告をしておく。
- クラスの時間通りでなくても，その子どもの気持ちが切り替えられたタイミングで次の活動に移る。
- 「ここで待っていてくれるよ」と子どもが戻ってくる場所に好きな玩具を置いておく。

2 運動（粗大・微細）

（1）考えられる背景要因

　乳幼児は，どの子どもも身体を動かすことが好きだろうと保育者は考えていますが，普段の生活の中で「思い切り身体を動かした」「運動遊びが楽しかった」と感じることができない子どもも増えています。保育園や幼稚園でするかけっこやなわとび遊びなどで，自分の思うようにできなかったり，競争に負けてばかりだったりと失敗体験が積み重なることで，「運動会がイヤ，園に行きたくない」と思ってしまう子どもも少なくありません。

　このように，運動は「できた・できない」が目に見えてはっきりわかるだけに，保育者や保護者も「できるように頑張れ」とついつい高い目標をかかげて，子どもに頑張らせすぎてしまう傾向が見られます。もちろん「頑張ってできた」という達成感を味わうことは，子どもの自己有能感を高め，成長する基盤をつくる遊びであることに間違いはありません。運動遊びは，健康な身体をつくるだけではなく，持続力や集中力などの精神的な成長を促し，友達と一緒に遊ぶ面白さや協力する意識を育てる貴重な遊びです。

　運動には，大きくみると，粗大運動，微細運動，協調運動の3つの側面があり，それぞれの発達には順序性があり，それぞれが関連し合って，乳幼児の運動遊びができる力になっていきます。できないからと言って，繰り返し練習させるだけでなく，その遊びのベースになる力の育ち方に目を向け，しっかりと土台を固めて，子どもが楽しみながら活動できるように支援していくことが大切です。

　子どもが自然に遊ぶことのできる社会的環境は大きく制約され，昔のように戸外での活動が気兼ねなくできなくなりました。また，子どもが身体を動かさなくても楽しめる魅力的な遊びがたくさんあるため，運動する機会は減り，運動に対する意欲の低下も見られます。友達と楽しく身体を動かす経験は，保育園や幼稚園でしっかり保障する必要があるのです。

　これまで述べてきた発達障害の子どもは，その特性から，運動のベースとなる感覚面の偏りもあり，学び損ねたり，違う形の学び方をしてしまっていることがあります。その子どもにも感覚や運動面の機能を高める運動遊びの支援はとても重要です。

(2) 苦手のみとりポイント

❶ 粗大運動

　乳児期から幼児期にかけて，子どもは，「寝返りからハイハイ，一人歩き，階段の昇降，スキップ」などといろいろな移動の能力を獲得していきます。姿勢の変化に伴って重心が高くなると，体幹を安定させて姿勢を保持したり，動きに合わせてバランスを取ったりすることも必要です。つまずいて転倒しそうになった時に頭を保護するために手を着く（保護伸展機能）ができない子どももいます。身体イメージが形成されていない子どもは，よく物や人にぶつかったり，左右がわかりにくかったりと，動きの真似が苦手です。「人の絵が描けない」という子どももいます。

❷ 微細運動

　右の表にあるように，「つまむ，乗せる，人に渡す」という手の操作は乳児期からステップアップします。その後，手の操作は，物を操作する能力として，身辺自立，製作遊びやボール遊びなどへと発達していきます。その基礎として先ほどお話した体幹が安定しないと手が自由に使えないので，手先の巧緻性にも影響します。感覚が敏感すぎるとじっくり触って確かめることができないので触っているものが何かを識別することが難しい子どももいます。包丁で指先を切っても痛がらないなど感覚鈍麻の子どもの場合，怪我をしていても泣かないので，安全面の配慮も必要です。

❸ 協調運動

　保育園や幼稚園の遊びは，協調運動の集合体です。目からの情報を頼りにして手を伸ばさないとボールは受けられませんし，耳からの情報に合わせないとうまくダンスが踊れません。もちろん，左手と右手の協調がうまくいかないと紙を押さえて絵を描いたり，はさみで切ったり，太鼓が交互に叩けなかったりします。利き手が確立していない子どもの場合，身体の中央（正中線）の意識が十分育っていないと言えます。子どもは自分の身体を基準にして空間を理解しますので，上下左右の認識や，線と線の重なりや斜めの理解が難しくなってしまいます。

年齢時期		②運動（粗大・微細）
0歳	乳児期後期	物をつまむ，乗せる，入れる，相手に渡せる ❶❷
		1人立ち，つたい歩きする
1歳	乳幼児期後期	1人で4歩以上歩く
		滑り台で身体の方向を変えて足から滑る
		階段を1段1歩で上がる
2歳	乳幼児期後期	鉄棒にぶら下がれる
		横歩き，後ろ歩き，つま先立ちができる
		階段を1段1歩で降りる
3歳	幼児期前期	両足ジャンプができる
		片足で5秒くらい立てる
		ボールを1回ついて取る
4歳	幼児期中期	片足ケンケンができる
		鉄棒で前回りができる ❸
		ボールを利き手側で上手投げしたり蹴ったりする
5歳	幼児期後期	歌に合わせて簡単なダンスが踊れる
		ボールを蹴ったり投げたりすることを楽しむ
		スキップができる
6歳	就学前期	友達と手押し車ができる
		縄跳びの前まわし跳びができる
		竹馬，鉄棒の逆上がりなどに挑戦する

⑶ 具体的な指導・支援例

　ここでは，よく問題になる行動の代表例をあげ，その要因と支援のステップを示します。

❶ よくぶつかる・こける

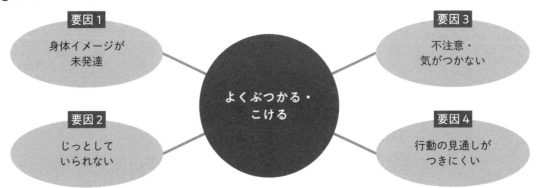

要因1｜身体イメージが未発達
要因2｜じっとしていられない
よくぶつかる・こける
要因3｜不注意・気がつかない
要因4｜行動の見通しがつきにくい

要因1への支援 　身体イメージが未発達なことへの対応

- 「落ちた落ちた」など身体の部分を意識する遊びをする。
- 障害物をよけたりくぐったりする遊びをする。
- 「そろり，そろり」など動きを言葉で表現して意識づける。

要因2への支援 　じっとしていられないことへの対応

- 保育環境の中で，ぶつかる危険性のある場所を子ども目線で点検する。
- 安全な場所で思いっきり身体を動かす時間を保障する。
- 「走る─止まる」の遊びを運動遊びに取り入れ，止まる感覚を体感させる。

要因3への支援 　不注意・気がつかないことへの対応

- 園内や保育室内の掲示物や遊具の刺激が多すぎないか確認する。
- 運動に集中できるように，BGM やマイクの音量にも配慮する。
- 白線や矢印，足形などで，「止まる」箇所に注意を向けやすくする。

要因4への支援 　行動の見通しがつきにくいことへの対応

- 活動時の子どもの動線を考えて，指示を出す（一斉に動かさない）。
- 動く前に場所を見てどう移動するかシュミレーションしてみる。
- 子どものモデルとなる動き方をしている友達に注目させ，一緒に動く。

❷ 高いところや揺れる遊びを怖がる

要因1 身体のバランスが取りにくい

要因2 頭の位置の変化に敏感

高いところや揺れる遊びを怖がる

要因3 緊張が強く,余分な力が入る

要因4 手で身体を支える筋力が弱い

要因1への支援　身体のバランスが取りにくいことへの対応

・砂の上やぬかるんだ土の上など足元のバランスが取りにくいところを歩く。

・怖がらせ過ぎないようにタオルぶらんこやハンモックなどで揺れを楽しませる。

・はしごやジャングルジムのように下が見える遊具は怖がるので,階段状の遊具で高さに慣れさせる。

要因2への支援　頭の位置の変化に敏感なことへの対応

・ボールプールの中で転がって遊ぶ（怖がる場合は,ボールを減らす）。

・マット遊びで,横に転がったり高這いで歩いたりする。

・揺らしたり回転したりするような親子体操を一緒にする。

要因3への支援　緊張が強く,余分な力が入ることへの対応

・ぶらぶら人形になるような体操遊びをする。

・セーフティマットの上に飛び降りる遊びをする（子どもが怖がらない高さから）。

・「ゆらゆら」「ふわふわ」などの言葉に合わせた身振り遊びをする。

要因4への支援　手で身体を支える筋力が弱いことへの対応

・しがみつき遊びをする。

・鉄棒にぶら下がる。

・2人組で棒の引っ張りっこをする。

　※子どもの親指が他の指の対向の位置にあるパワーグリップになっているか要確認。

❸ はさみがうまく使えない

要因1への支援　利き手が定まっていないことへの対応

- 利き手が確定する5歳までは，両手を一緒に使う遊びを楽しませる。
- 両手で違う動きをする遊び（持ち替える，前後上下に紙を千切るなど）をする。
- ツイスターゲームのように指示された色に手足を着ける遊びをする。
  ※手を着く時，指を広げて手のひら全体で身体を支えているかチェックする。
- 風船バトミントンや風船サッカーなど利き側を強化する遊びをする。

要因2への支援　連続切りが難しいことへの対応

- 利き手用のはさみや，握力が弱い子用のバネはさみ等の子どもに合わせたはさみを用意する。
- 少し固めの広告紙を1cmくらいのひも状にして，1回切りの遊びを楽しませる。
- チョキチョキと言葉に合わせながら刃先を綴じきる前に止めて，連続切りする。

要因3への支援　スピードの調節が難しく，切りすぎることへの対応

- 大きく厚めの紙を切る遊びをして，ゆっくり切る感覚を知る。
- 切る線は太めの線にして，切りすぎて失敗と感じなくて済むようにする。
- 切りすぎないよう，切る前にストップの印を目立つ色で書いてから切る。

要因4への支援　はさみで切ることに興味が持てないことへの対応

- 絵本が好きな子どもには，「かにのしょうばい」等のはさみを使うことが面白いと思えるような絵本を見せる。
- 毛糸を切ってままごと遊びのそばやうどんにするなど切ったものを使って遊ぶ。
- 切り絵のように切ってできた作品の面白さ・不思議さを楽しませ，意欲につなぐ。

❹ 運動遊びが苦手

要因1 筋力・体力の不足

要因2 身体の動かし方がぎこちない

運動遊びが苦手

要因3 身体を動かす経験が乏しい

要因4 苦手意識が強い

要因1への支援 筋力・体力の不足への対応

- 運動だけでなく，睡眠・食事など生活全般の見直しをする。
- 鬼ごっこのように楽しい遊びで知らず知らずのうちに身体を動かす時間をつくる。
- 荷物運びや綱引きのような踏ん張る遊びに取り組ませる。

要因2への支援 身体の動かし方がぎこちないことへの対応

- 転がる，ハイハイするなどの乳児期の動きで体幹を使った遊びをする。
- 歩く，走るも速度や歩幅などバリエーションをつけて変化させる。
- 竹馬，縄跳びなどの複雑な動きは，１つの動作ごとに分けて練習する。

要因3への支援 身体を動かす経験が乏しいことへの対応

- 「やりたくない」時には無理強いせず，見ていることをOKとする。
- 自分で「できそう」と思う遊びから徐々に始める。
- 「やってみたら楽しかった」と思っているところで終わりにする（保育者が欲張らない，焦らないことが大切）。

要因4への支援 苦手意識が強いことへの対応

- 「できたかできないか」の差がはっきりしない遊びから始める。
- 苦手な遊びは，個別について保育者と一緒に取り組む。
- 「できた」ことだけを認めるのではなく，頑張って取り組んでいる姿勢を褒める。
- 「練習したらできた」という経験を積ませる。

3 社会性（人間関係）

(1) 考えられる背景要因

　社会性（人間関係）の基礎は，子ども自身が周囲の大人にあたたかく見守られている安心感を得て，人に対する信頼感を持つことです。その信頼感に支えられながら，子どもは，「自我」を芽生えさせ，自分の力でできる充実感や満足感を味わいます。同時に人と関わる中で，自分の感情や意思を表現しながら一緒に遊ぶ楽しさやぶつかり合う葛藤も経験し，自分をコントロールすること，遊びや生活にはルールが必要なことを学びます。そうして，社会で生きていくための土台を固めていくのです。大人は，子どもの頃のことを忘れてしまっているので，大人の基準だけで子どもの言動を判断してしまいます。しかし，「人と関わる力」を育てるためには，子どもが今学ぼうとしている時期を見極めて，その発達に応じた対応や指導をしなくてはいけません。「躾」によって子どもに社会のルールを教えていくと考えがちですが，社会性の育ちは，「躾」だけには限りません。社会性の育ちが弱い子どもに対して，「家庭の躾ができていない子ども」と捉え，ただ厳しく躾ればよいというものではありません。子ども自身が，人や物事に対してどうふるまうかを考え，その時や場に合わせたふるまい方を決められることが大切です。この判断基準の獲得プロセスが社会性の発達なのです。

　大人の判断基準が厳しすぎる場合，大人の顔色をうかがう自己主張の弱い子どもになってしまいます。反対に，「言っても理解できないから」「人が大勢いるところで大泣きされたら恥ずかしい」と大人の判断基準が緩んだり曖昧になったりすると，子どもの自己コントロール力（自制心）の育ちを阻害してしまいます。

　言葉の理解が遅い子どもは，人の言葉の裏の意味を理解できなかったり，指示の意味がわからず固まってしまったりします。動きの多い子どもは，じっくり友達と遊びを共有することができず，トラブルが多くなりがちです。人と関わろうとせず一人遊びに終始し，関わりたい気持ちはあっても会話のルールや場の雰囲気が読み取れず，うまく友達関係を築きにくい子どももいます。このように人とうまく関われない要因を考え，必要かつ適切な指導を行うことが，ソーシャルスキルトレーニングになります。

(2) 苦手のみとりポイント

❶ 自己主張する（イヤイヤ期）

　2歳くらいになると，自分なりの判断基準を持ち始めます。その基準には強い思い込みがあり，なかなか変えることができません。この時期，子どもは身体の動きを通して覚える「手続き記憶」が強いのです。この「手続き記憶」は，「再現性」の高い記憶のため，同じものでないと許せないのです。言って聞かせるだけでなく，気持ちを違うことにそらす，妥協できた時に大げさに褒めるなどの関わりが大切です。

❷ 競争する

　4歳くらいになって，「1番」「先に」という気持ちが表れ出すと，子どもは何事においても「勝ち―負け」を意識し始めます。この競争心は，子どもの中の潜在力を引き出すことにつながりますが，負けると泣いて大騒ぎする子どももいます。こだわりが強いと，「1番でなければ価値がない」という二極化した思考パターンで，完璧主義に陥りやすいのです。感情のコントロールの弱い子どもの場合，社会的なルールより自分の感情を優先させてしまい，「自分勝手」「お調子者」になってしまいます。

　日本では，大人も「速い，強い，勝った」の基準で判断する傾向が強いのですが，競争の際に「ルールを守る」「勝ちを威張らない」「仲間と競争を楽しむ」ということを評価の基準に，保育者は競争の遊びをすることが大切です。子どもには，「負ける」という体験は不可欠です。この体験を通して，負けた時の自分の気持ちの収め方を学ぶのです。

❸ 道徳を守る

　文部科学省では，道徳を，①自分自身，②人との関わり，③集団や社会との関わり，④生命や自然，崇高なものとの関わりの4つの視点に分けています。保育園や幼稚園では，この「道徳性の芽生えを培う」ことが求められています。園生活の中で人と楽しく過ごすための必要な行動の仕方を身につけることはもちろん，広く社会や自然にも目を向け，生命あるものへの感性や弱いものをいたわる気持ちを育てることも必要です。

年齢時期		③社会性（人間関係）
0歳	乳児期後期	いないいないばあを喜ぶ
		後追いや人見知りがみられる
1歳	乳幼児期後期	場所見知りする
		「ダメ」で手を止める
		同じ年ごろの子どもに寄って行く
2歳	乳幼児期後期	他人の表情（笑う・泣く・怒る）を理解する
		❶「自分で」と大人の指示に反抗することがある
		子ども同士で追いかけっこをする
3歳	幼児期前期	ブランコなどの順番を待てる
		テレビの主人公の真似をする
		「だるまさんがころんだ」のような簡単なルールを意識して遊ぶ
4歳	幼児期中期	小さい子の世話ができる
		❷勝敗を意識し，負けると悔しがる
		グループで，ごっこ遊びをする
5歳	幼児期後期	他者の立場や気持ちに配慮できる
		当番活動などの仕事に取り組める
		じゃんけんを使って順番を決める
6歳	就学前期	❸社会的なルールやマナーを理解できる
		他者の立場や気持ちを考えて，行動できる
		約束を守ろうとする

(3) 具体的な指導・支援例

ここでは，よく問題になる行動の代表例をあげ，その要因と支援のステップを示します。

❶ 友達と遊べない・一人遊びをしている

要因1　人がいると過刺激で不安

要因2　人と遊ぶ楽しさがわからない

友達と遊べない・一人遊びをしている

要因3　遊びのルールや状況がわかりにくい

要因4　友達の名前が覚えられない

要因1への支援　人がいると過刺激で不安なことへの対応

- ・大きい音や接触の苦手さを理解し，居心地のよい安心できる場所を確保する。
- ・保育者も過度に介入せず，寄り添いながら周囲の友達の遊びを中継放送する。
- ・子どもが興味を持った遊びを見に行く，部分的な参加をOKとする。

要因2への支援　人と遊ぶ楽しさがわからないことへの対応

- ・人の遊びを見る「平行遊び」の時期をしっかり保障する。
- ・当番活動などを通して，友達と同じ行動をすることで友達を意識づける。
- ・同じものに興味をもつ友達と近づく機会を設け，保育者も間に入ってつなぐ。

要因3への支援　遊びのルールや状況がわかりにくいことへの対応

- ・ままごとより役割のはっきりしたお店屋さんごっこのような遊びをする。
- ・保育者とペアになって，1つの役割を演じて遊ぶ体験から始める。
- ・ゲーム遊びも「追いかけっこ」より「だるまさんがころんだ」のように方向性がはっきりわかるゲームを取り入れる。

要因4への支援　友達の名前が覚えられないことへの対応

- ・新年度には，クラスの友達の写真を掲示する。
- ・出席を取る時，友達の髪型や服装等の特徴を言葉で表現する。
- ・「昨日一緒に滑り台を滑った○○ちゃん」のように紹介して思い出しやすくする。

❷ 友達とよくケンカをする

要因1	要因3
言葉でうまく表現できない	状況理解が苦手，頓着しない
要因2	要因4
気持ちのコントロールが難しい	被害者意識が強い

友達とよくケンカをする

要因1への支援　**言葉でうまく表現できないことへの対応**

・年齢によっては，環境を整え，1人でする玩具は数を確保したり，コーナーで順番に使えるように配置したりする。

・「ダメ」と制止するのではなく，名前を呼び「貸して」と望ましい行動を伝える。

・「順番」「一緒に」等の言葉を使う場面で見本を示し，適切な言葉が使えたら褒める。

要因2への支援　**気持ちのコントロールが難しいことへの対応**

・行動を制止し，静かな場所に連れていき，落ち着かせる。

・やってしまったことを説教するのではなく，まずは子どもの気持ちを聞く。

・「どうすればよかったか」を子どもと一緒に考える。

要因3への支援　**状況理解が苦手，頓着しないことへの対応**

・保育環境を見直し，玩具の片づけ場所，並ぶ位置や順番を写真やマークで示す。

・目の前しか見ていなかったり，順番を覚えていられなかったりしている場合は「○○ちゃんの後ろ」と示し，正しく並べた時に「ちゃんと並べた」と褒める。

・トラブルがあった状況を，人形劇や紙芝居にして再現し，客観的に状況を理解できるようにし，そこで「どうすればよいか」を考える。

要因4への支援　**被害者意識が強いことへの対応**

・子どもに寄り添い，子どもの言い分を聞く。

・クールダウンできたら，相手の言葉の意味や言い分を伝える。

・自分の誤解に気づき，修正できた時にはしっかり褒める。

❸ 自分が勝たないと気が済まない

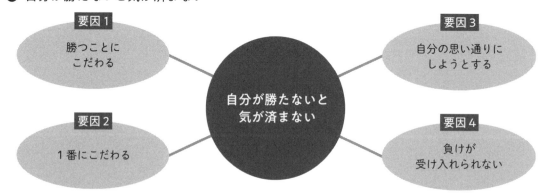

| 要因1 勝つことにこだわる |
| 要因3 自分の思い通りにしようとする |
| 要因2 1番にこだわる |
| 要因4 負けが受け入れられない |

自分が勝たないと気が済まない

要因1への支援　勝つことにこだわることへの対応

- 保育の中で，「勝った人がすごい」という遊びを安易に取り入れない。
- ゲームには，「勝ち負け」のルールがあることを伝える。
- ゲームで最後まで粘り強く頑張る姿勢を認める。
- 「勝つ」ことよりも「ルールを守ること」が大事と知らせる。

要因2への支援　1番にこだわることへの対応

- 保育の中で，「1番に並べた」等，1番を誇張する言葉を使い過ぎない。
- 「静かに並べた人から」「じゃんけんで負けた人だけ」等いつもと違う価値基準を示す。
- リレーの順番等を子ども同士で考えさせ，グループで勝つことや友達を応援することの体験から，順番の意味や応援される側の気持ちを理解する。

要因3への支援　自分の思い通りにしようとすることへの対応

- 遊びの前に，「最後までする」のルールを確認する。
- 負けかけて遊びを中断しようとした時には，毅然としてクールダウンさせる。
- 気持ちが落ち着いた時に，我慢できる・切り替えることがよいと伝える。

要因4への支援　負けが受け入れられないことへの対応

- 勝ち負けが何度も繰り返して体験できるじゃんけん遊びをする。
- 「負けてくやしい」「次は頑張る」などの負けを受け入れる見本を見せる。
- 他の子どもと比べず，「前より頑張った」と自分の成長に気づかせる。

❹ ルールが守れない

要因1 ルールが理解できていない

要因2 周囲の刺激に気が散る

ルールが守れない

要因3 興奮しすぎてルールが飛ぶ

要因4 自分のやり方やペースにこだわる

要因1への支援　ルールが理解できていないことへの対応

- 子どもの理解の程度を確認する（例えば，じゃんけんでは，勝敗がわかっていないのか，あいこがわからないのか，3人以上になるとわからないのか等）。
- 理解させたいルールの優先順位を決める（危険回避のルールを第一に考える）。
- ルールを視覚的に示し，〇×やクイズ形式で確認し，覚えさせる。

要因2への支援　周囲の刺激に気が散ることへの対応

- 遊びや活動のエリア内を点検し，片づけられるものは先に片づけておく。
- 目が奪われそうなものは保育者が盾になって視界を遮る。
- 注意がそれる前に，手を握ったり見るべき方向を示したりして刺激を統制する。

要因3への支援　興奮しすぎてルールが飛ぶことへの対応

- テンションが上がりすぎる前に，クールダウンの時間を取る。
- 1回の失敗でやめさせるのではなく，イエローカード方式で注意喚起する。
- 「お茶を飲む」「深呼吸する」等の自分が落ち着く方法を自己申告してきたら認める。

要因4への支援　自分のやり方やペースにこだわることへの対応

- ルールに優先順位をつけ，子どもの特性に応じて枠組みを緩めてよいルールにする。
- ルールの優先順位を決めたら，保育者間でルールがちぐはぐにならないようにする。
- 「ゆっくり」「ちゃんと」などのあいまいな言葉を使わず，「〇〇まで30数えながら歩きます」や，「線と線の間を通って行きます」等と具体的に示す。
- 遊び方のルールは，「1のパターン」「2のパターン」等と遊び方の違いを確認し，「今日は，このルールで遊びます」と決まったルールを明示してから遊ぶ。

4 言葉（コミュニケーション）

(1) 考えられる背景要因

　言葉は，身近な人との関わりを通して獲得されていくものです。前節で書いたように，ベースには人との信頼関係が築かれていることが前提となります。気づいたことや感じたことを自分なりの言葉で表現し，それを相手に受け止めてもらうことで言葉での応答性が増していきます。しっかり自分の話を受け止めてもらう体験により，自分ももっと人の話をよく聞こうとするようになるのです。「人の話を聞けない」という言葉の相談はよくありますが，まずは子どもの言葉に大人がどれだけ真摯に耳を傾けているかが大事です。

　言葉は，他者に伝える機能の他に，行動を統制する機能や思考する機能も持っています。この兆しは，幼児期に見られ，自分に向けて語りかける言葉として表れます。2歳過ぎから子どもは，頭の中で思い浮かべた相手とやりとりするようになり，一人二役的なごっこ遊びをします。子どもが自我を確立する上で重要なポイントになりますので，一人遊びをしている子どもの様子をしっかり観察しましょう。子どもはこうして密かに人との応答的なやりとりの仕方を自分なりに練習しているのです。

　また，自分で自分に言い聞かせる内言は，行動や思考を調整します。子どもが，「よいしょ」と言いながら物を持ち上げる姿が言葉で行動をコントロールしている姿なのです。3歳くらいになると，「こっちから行ってみよう」とか「お皿にケーキを乗せて……」などと呟きながら遊びます。独り言を言いながら次の行動を考えているのです。このように言葉を獲得することで，子どもは自分の気持ちや考えを相手に表現したり，自分をコントロールしたりできるようになります。言葉の遅れがあるとこうした言葉の機能が使えず，泣いたり暴れたりという行動で表現するしかないのです。

　4〜5歳になると，言葉への関心が高まり，それまで意識せずに使っていた言葉の仕組みについて考えるようになります。しりとり遊びや逆さ言葉，なぞなぞに興味を持ち始めます。絵本や物語の世界に浸る体験を通して，言葉のイメージが豊かになり，言葉の感覚が磨かれていきます。一つ一つの音を聞き分ける力の弱さや記憶の容量の小さい子どもは，この時期に身につく音韻意識（言葉の音に着目して操作する力）が十分に獲得できず，就学後の文字の読み書きの学習に影響を及ぼします。

(2) 苦手のみとりポイント

❶ 指差し

指差しは，定位（見つけたものを指す），要求（ほしい物など
を指す），叙述（「〇〇がいた」と知らせる），応答（問いに答え
て指す）など，いくつかの種類があります。指差しは子どもにと
って最初のコミュニケーション手段です。指差しに伴い発声した
り相手を見て視線の共有があったりするかどうかも含め，しっか
りと観察することが大切です。

❷ 言葉の遅れ

１歳半健診では，初語が出ているかどうか，３歳児健診では，
言葉でのやりとりができるかどうかなど，言葉の発達はその子ど
もの発達を見る指標となります。発達障害のある子どもは，対人
意識の希薄さや，注意を集中させて言葉を聞くことの苦手さ，聴
覚認知（耳からの情報を処理・理解する能力）の弱さ等から言葉
が遅れがちです。自閉スペクトラム症の中には言葉の遅れがない
と言われる子どももいますが，エコラリア（オウム返し）や，イ
ントネーションの平坦さ，早口で聞き取りづらい話し方などの特
徴を持っていたり，言葉の裏に含まれている比喩・冗談等が理解
しづらい「語用論」（字義通りの意味ではなく意図が含まれる言
葉）的な失敗がみられたりします。

逆に，保育者は職業柄子どもの要求や気持ちが敏感に読み取れ
るため，発話の不明瞭さや言い誤りがあっても「〇〇のことね」
と先取りして子どもの言語能力を見誤ったり，子どもの発話意欲
を失わせてしまったりすることがあるので，注意が必要です。

❸ 文字の読み書き

保育所保育指針などにある「幼児期の終わりまでに育てたい
姿」の中に，「数量や図形，標識や文字などへの関心・感覚」「言
葉による伝え合い」があげられており，数や文字の先取り学習を
導入する園が増えてきました。子ども自身も遊びの中で数や文字
を使おうとします。しかし，保育者は，文字や数を直接教え込む
のではなく，日常生活や遊びの中で触れてきた文字や数を使う面
白さや楽しさを感じられるようにしましょう。

年齢時期		④言葉(コミュケーション)
0歳	乳児期後期	❶ 指差されたものを見る
		大人の言うことや動作を真似ようとする
1歳	乳幼児期後期	❷ 意味のある言葉を言う
		「パパにどうぞして」など簡単な指示がわかる
		目，耳，口など体の部分の名称が２つ以上わかる
2歳	乳幼児期後期	「パパ，かいしゃ」など２語文で話す
		赤，青，黄などの色がわかる
		日常の簡単な挨拶をする
3歳	幼児期前期	３つまでの数がわかる
		色の名前が５色以上言える
		「ぼく・わたし」の１人称が使えるようになる
4歳	幼児期中期	絵本の文章を暗記できる
		「だって，～だから」と理由が言える
		姓名・年齢を正しく言える
5歳	幼児期後期	子ども同士の会話が理解できる
		なぞなぞやしりとりができる
		昨日の話ができる
6歳	就学前期	❸ ひらがなや数字が読め，書ける字もある
		かるたやババ抜きなどのカードゲームができる
		曜日・季節の名前が言える

(3) 具体的な指導・支援例

ここでは，よく問題になる行動の代表例をあげ，その要因と支援のステップを示します。

❶ 言葉がうまく話せない

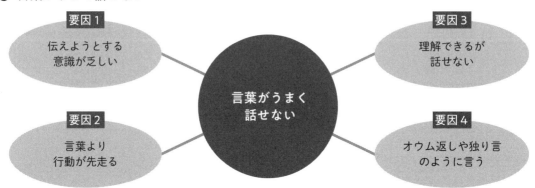

要因1 伝えようとする意識が乏しい	**要因3** 理解できるが話せない
要因2 言葉より行動が先走る	**要因4** オウム返しや独り言のように言う

中央：言葉がうまく話せない

要因1への支援　伝えようとする意識が乏しいことへの対応

- 根気よく子どもに寄り添い，子どもの視線の先を一緒に見るような関わりをする。
- 子どもが要求してきたら保育者から子どもの目を見て応じる。
- 子どもの指差しや行動を，「電車がほしい」等と代弁して伝える。

要因2への支援　言葉より行動が先走ることへの対応

- 子どもがしようとしている行動に，「貸して」とタイミングよく言葉を添える。
- 行動してしまった後に叱らずに，「〜したかったんだよね」と気持ちを受け止める。
- 「電車と車，どっちがいい？」など行動の代案を出して，考えて答える間をつくる。
- 子どもが言葉で表現できた時にはしっかりと認める。

要因3への支援　理解できるが話せないことへの対応

- 無理に言わせようとせず，言葉以外のコミュケーションを楽しませる。
- 「もういいかい」「まあだだよ」など繰り返し同じフレーズが出てくる遊びをする。
- 言い間違いを指摘したり言い直しさせたりせず，正しい言葉を聞かせる。

要因4への支援　オウム返しや独り言のように言うことへの対応

- 子どもがしたい遊びの場面で，「ブランコ乗りたい」「ブランコ乗ろうか」と子どもの気持ちと保育者の語りかけを一人二役で言う。
- 保育者と子どもで人形を使ってそれぞれの役割の台詞を言い合う。

❷ 聞き返しや聞き誤りが多い

要因1への支援　聞き取る力が弱いことへの対応
・聴力に問題がないか確認する。滲出性中耳炎は子どもが痛がらないので見過ごされやすいが，耳栓をしたような聞こえ方になっているので注意する。
・視覚的な教材を用意し，保育者はゆっくりと明瞭な発音で話す。
・伝える内容はシンプルに，わかりやすい表現を心がける。
・聞きもらした時に子どもが見直せるよう，手順やルールは図示して置いておく。

要因2への支援　理解している言葉の数が少ないことへの対応
・買い物ごっこやままごと等を通して，新しい言葉を意識的に覚える機会をつくる。
・新しく覚えた言葉を使う遊びを繰り返す。
・仲間集めや反対言葉などの言葉を分類し，思い出しやすい記憶の引き出しをつくる。

要因3への支援　注意を持続させることが難しいことへの対応
・話に集中できる静かな環境を用意する。
・話す内容を小分けにして，一度にたくさん話さない。
・「大切なことを３つ言います」等と注意喚起し，「１つ〇〇，２つ△△，３つ□□」のようにシンプルに伝える。
・伝えたことを復唱させる確認の活動をはさむ。

要因4への支援　助詞や接続詞等の文法が弱いことへの対応
・「〇〇が」「△△を」など聞き逃しそうな助詞や接続詞を強調して伝える。
・「パパは会社」「兄ちゃんは学校」などと絵や写真を手がかりに話させる。
・具体的な子どもの体験をヒントとして，イメージしやすい説明をする。

❸ おしゃべりが止められない

要因1
自分の話したいことを
話さないと気が済まない

要因2
会話のルールが
わからない

おしゃべりが
止められない

要因3
行動抑制の力が弱い

要因4
話の内容をうまく
まとめられない

要因1への支援　自分の話したいことを話さないと気が済まないことへの対応

・話したい気持ちを受け止め，話したいだけ話せる十分な時間と場所を設定する。

・「ここから話して，ここで終わり」と時計を見せ，見通しを持たせる。

・終わりの合図で話し終えられたら，「お話の約束守れたね」と褒める。

要因2への支援　会話のルールがわからないことへの対応

・会話のルール（一方的に話さない）を決める。

・聞き手のルール（話し手の顔を見る，お口チャック，あいづちをうつ）を確認する。

・話し終わったらボールやマイクを回す等の会話のルールを見える形で示す。

要因3への支援　行動抑制の力が弱いことへの対応

・次々に連想し，話を止めるコントロール
　が効きにくいので，終わる合図を決める。

・保育者の「おしまい」のサインを決めて
　おき，守れたらごほうびシールを貼る。

要因4への支援　話の内容をうまくまとめられないことへの対応

・事前に話したい内容を保育者に話し，一
　緒にまとめていく。

・話す内容や順番を思い出す手がかりにな
　るイラストや写真を準備する。

・まとまりよく話せた時には褒める。

❹ うそをつく

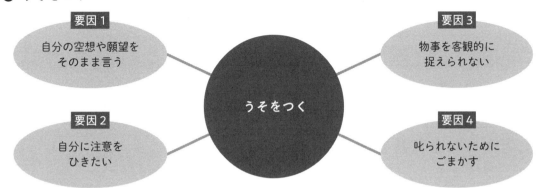

要因1 自分の空想や願望をそのまま言う

要因2 自分に注意をひきたい

うそをつく

要因3 物事を客観的に捉えられない

要因4 叱られないためにごまかす

要因1への支援 自分の空想や願望をそのまま言うことへの対応

・事実と食い違うことがあっても，子どもの気持ちになって耳を傾ける。

・「買ってもらった」という話の語尾を，「買ってほしかったのね」と言い換えて反復する。「そう買ってほしいんだ」と答えた時に「わかるよ」と共感する。

・「いつ」「どこで」等を子どもが曖昧でうまく伝えられない時はつなぐ役になる。

要因2への支援 自分に注意をひきたいことへの対応

・子どもは，大きいことや多いことがよいことだと思っていることを理解する。

・大げさな表現をして，子どもが何を伝えたがっているのか汲み取る。

・子どもの言葉を否定せず，子どもの「本当にできていること」をしっかりと認める。

要因3への支援 物事を客観的に捉えられないことへの対応

・「叩かれた」「いじめられた」と子どもが訴えてきた時に大人が過敏に反応しない。

・周りの子どもの言い分も聞き，その場面で起こったことの事実を確認する。

・「叩かれたと思うくらいびっくりしたんだよね」と子どもの嫌な気持ちを代弁する。

要因4への支援 叱られないためにごまかすことへの対応

・「うそ」を責め立てないで，子どもの話を聞く。

・「もう歯磨きした」の嘘に対して，「ここがまだ汚れているからもう一度磨こうね」とさせたい行動だけを示す。

・「本当はね，〜」と子どもが正直に話した時は，絶対に叱らない。

5 遊び（表現）

(1) 考えられる背景要因

　子どもは，音楽や言葉に合わせて身体を動かしたり何かになったりすることが大好きです。音楽を聴いたり絵本を見たり，作ったり描いたりする遊びの中で，自分の感情や体験を自分なりに表現し，保育者や友達と一緒にする心地よさを味わっています。子どもの場合，最初ははっきりとした目的や必要性を感じて行うのではなく，身近なクレパスや楽器に触れ，その感覚を楽しみながら，徐々にイメージができあがってくるのです。

　やがて，友達と共通の目的を持って遊びを楽しめるようになると，遊びの必要性からいろいろなものを工夫して作ったり，気持ちを高めるように声を合わせて歌ったり踊ったりします。

　このように子どもの表現する楽しみや意欲を十分発揮させるためには，子どもが園生活の中で喜んで表現する場面を捉え，表現を豊かにする遊具や用具を準備したり触れられるように配慮したりと環境を通して特定の表現活動に偏らない適切な援助が大切です。幼保連携型認定こども園教育・保育要領解説の領域「表現」の内容の取扱いにも，「特定の表現活動のための技能を身に付けさせるための偏った指導が行われることのないように配慮する」と記載されています。しかしながら，まだまだ保育者主導の教え込む指導や繰り返し練習する保育が行われている園も少なくありません。保育者自身も，さまざまな場面で一緒に絵の具の変化に驚いたり，悲しい物語に心を動かされたりするなど，子どもと感動を共有し，子どもが表現する過程を楽しむ心の余裕を持ちたいものです。

　表現活動は，しばしば運動会や造形の会，生活発表会，地域の祭りの出し物などの「行事」として発表する場があります。行事には，季節の変化を体感させる，日本の伝統行事を知る，保護者と子ども，保育者の交流を深める，子どもの成長を確認する，子ども同士の協調性や自立心を向上させることを目的として実施されています。しかし，大人の都合で決め，見栄え重視の行事は子どもや保護者，保育者にも負担が大きいため，行事を見直すべきと考える園も増えてきました。

(2) 苦手のみとりポイント

❶ 感覚過敏・鈍麻

クレパス，絵の具，はさみ，糊等，描いたり作ったりする時にはいろいろな素材の材料や用具を扱います。正しい扱い方をしなければ危険な用具もありますが，最初から「危ない」「ここはダメ」などと禁止されることが多いと，子どもは思う存分楽しむことができません。「ここでは大丈夫」と思いっきり絵の具だらけになったり，新聞紙を破って撒き散らしたり，子どもが本来やりたいと思っている遊びを十分楽しませてあげられるのは，園の醍醐味です。この時，子どもがぬるぬるべとべとを嫌がる，クレパスを食べようとするなど，他の子ども達との感覚の違いを発見することがあります。こうした感覚過敏，反対に感覚の鈍感さのある子どもがいないかよく観察することが大切です。

❷ 不器用さ

鉛筆を握り持ちする，筆圧が強すぎたり弱すぎたりする，はさみや楽器の持ち方を教えてもなかなか修正できない，歌いながら手遊びする時，保育者や友達の真似が上手にできない，テンポがずれる，動きを何回練習しても間違うなどの様子が見られる子どもは，不器用な子どもと思われ，繰り返し練習をさせられます。ただ繰り返し練習しても上達はしません。苦手意識を強くして，子どもの自尊心を傷つけてしまいます。作業療法士（病気や怪我により日常生活の作業がうまくできなくなった人に対して，作業能力の向上を目指したリハビリや環境整備を行う）は，子どもが夢中になって遊んでいるうちに育っていくことが理想と言っています。そのためには，子どもの特徴をよく理解して進んで楽しめる遊びを探すことが大切です。

❸ こだわり

いつも同じ色しか使わない，同じ絵ばかり描く，自分の気に入った歌ばかり聞きたがる，歌うなど，大人から見ると，「飽きもせずよくそれだけ繰り返せるものだ」と思うような遊びをする子どももいます。無理にやめさせるより，その子どものイメージの世界を一緒に楽しんでみましょう。

年齢時期		⑤遊び（表現）
0歳	乳児期後期	親指と人差し指で小さい物をつまむ
		積木を持ち替えたり，打ち鳴らせる
1歳	乳幼児期後期	積木を3〜5個積める
		なぐり書き（持ち方⇒わしづかみ）❶
		ままごとのような再現遊びをする
2歳	乳幼児期後期	○△□のような型はめや紐通しができる
		真似て，円や十字が描ける
		はさみで1回切りができる
3歳	幼児期前期	簡単な童謡を1人で歌う
		人の絵で顔だけでなく手足が出始める
		はさみで連続切りができる ❷
4歳	幼児期中期	じゃんけんの勝ち負けがわかる
		描いた絵を説明する ❸
		はさみで丸を切れる
5歳	幼児期後期	習った歌を覚えて歌える
		手本を見て，四角，三角が描ける
		積木やブロックを組み合わせて形を作る
6歳	就学前期	楽器の分担奏ができる
		地面を意識した説明画が描ける
		こま回しや折り紙に挑戦する

⑶ 具体的な指導・支援例

　ここでは，よく問題になる行動の代表例をあげ，その要因と支援のステップを示します。

❶ いつも同じ絵ばかり描く

要因1への支援　**手の操作がうまくできないことへの対応**

　・子ども自身が「うまく描けている」と思っているものしか描かないので，その気持ちに寄り添い，「また」「〜ばっかり」と否定的に評価しない。

　・扱いやすい握って描けるクレヨンや筆圧の弱い子どもには太いペンを準備する。

要因2への支援　**描きたいイメージが強いことへの対応**

　・子どもの描いた絵を保育者も真似して描く。

　・子どもがする絵の説明に耳を傾ける。

　・子どもの描いたものに「電車が通る踏切を描いていい？」などと聞き，子どもが了解すれば絵を描き足す。

　・保育者と一緒に絵の話を展開させて遊ぶ。

要因3への支援　**他の絵の描き方を知らないことへの対応**

　・「○，□，棒（｜）で何ができるかな」と形を組み合わせて表現する遊びをする。

　・数字の歌や絵描き歌遊びを楽しむ。

要因4への支援　**他の表現方法に気づかないことへの対応**

　・絵だけにこだわらず，粘土や制作，折り紙等の楽しく取り組める遊びを見つける。

　・ぬたくり遊び，フィンガーペイント，ローラー遊び等の全身を使う描画遊びを行う。

❷ 絵本や紙芝居の時に保育室から出てしまう

要因1への支援　自分の興味のないことには参加しないことへの対応

- ・保育者と1対1で，子どもの興味のある絵本や図鑑を一緒に見る。
- ・子どもが選んで持ってきた絵本の読み聞かせをする。
- ・1対1で読み慣れた絵本を，「○○さんの好きな本」とクラスで読み聞かせをする。
- ・友達が選んだ本の時も，一緒に参加できればOKとする。

要因2への支援　じっとして聞くのが苦手なことへの対応

- ・保育室から出て行かなければ，どこにいてもOKとする。
- ・動きがあり注意を引きやすいパネルシアターや人形劇等から始める。
- ・「よいしょ」などの掛け声や繰り返しのフレーズは言ってもよい参加型の読み聞かせを行う。

要因3への支援　話の内容が理解できないことへの対応

- ・しかけ絵本等を用い，「いないいない，ばぁ」でページをめくり，絵の変化に注目させる。
- ・「大きなかぶ」のように同じフレーズが繰り返す絵本を選ぶ。
- ・子どものよく知っている身近な題材の絵本を選ぶ。
- ・昔話等では，「これがお地蔵様だよ」と最初に登場人物の説明をしておく。

要因4への支援　子どもの大勢集まるところが苦手なことへの対応

- ・座る場所を一定にして，他の子どもと触れ合わなくて済むようにする。
- ・ざわざわした場所では聴覚過敏から読む声に集中できないことがあるので，あらかじめ録音しておいた音声をイヤホンで聞くことを認める。
- ・耳ふさぎ等の疲れのサインが見えたら，我慢させず場を離れることを認める。

❸ 歌や手遊びが苦手

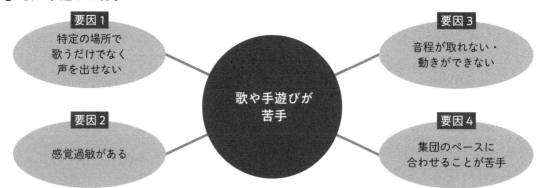

要因1
特定の場所で
歌うだけでなく
声を出せない

要因2
感覚過敏がある

歌や手遊びが
苦手

要因3
音程が取れない・
動きができない

要因4
集団のペースに
合わせることが苦手

要因1への支援　特定の場所で歌うだけでなく声を出せないことへの対応

- 家等では普通に話したり歌ったりできるのに，外では声を出して話すことができない「場面緘黙」も視野に入れ，子どもの様子を観察する。
- 子どもが「わざと歌わない」のではないと理解し，声を出さないことを責めない。
- 声は出さなくても表情や身体の動きの表現を認め，一緒に遊びを楽しむ。

要因2への支援　感覚過敏があることへの対応

- 集団の歌声，友達との触れ合い，苦手な音源など，子どもの嫌がることを確かめる。
- 感覚過敏に配慮した配置や歌声の大きさにし，負担を減らす。
- 無理強いせずに，できる形で参加させ，苦手なことを言葉で伝えられるようにする。

要因3への支援　音程が取れない・動きができないことへの対応

- 無理強いせず参加する楽しさを味わわせる。
- サビの部分や合いの手等の部分参加を認める。
- 立つ・座る等の大まかな動きや左右が同じ動きの手遊びを取り入れる。
- 見本は，対面でなく，同じ方向を向いてゆっくり大きく動き，「次はこっち」と前もって声をかける。

要因4への支援　集団のペースに合わせることが苦手なことへの対応

- 自分のペースで歌ったり手遊びしたりしている時はしっかり褒める。
- その子どものペースに合わせた速さでする。
- クラスの子どもが合わせやすいメロディやリズムを考えて選曲する。

❹ 園の行事にうまく参加できない

要因1
いつもと違う活動に
混乱する

要因3
練習に
参加しにくい

園の行事に
うまく参加できない

要因2
大勢の人の集まりや
BGM，衣装が苦手

要因4
本番に
参加しにくい

要因1への支援　いつもと違う活動に混乱することへの対応

- 自分の想定外の活動が入ることで，見通しが立たなくなって不安になる気持ちを理解する。
- 前年度の行事の写真やビデオを見せ，見通しを持たせる。
- 予行の時は参加せず，全体の動きを見て，場所や活動内容に見通しを持たせる。

要因2への支援　大勢の人の集まりや BGM，衣装が苦手なことへの対応

- 感覚過敏があり，帽子やたすき，ダンスのポンポンや鼓笛隊の衣装が苦手な子どもの場合，「みんな同じ」でなくても参加ができるようにする。
- 大勢の人や大きな音量が苦手な場合は，イヤーマフの着用も認める。
- 子どもが苦痛を感じる前に，場を離れることを事前に保護者とも話し合っておく。

要因3への支援　練習に参加しにくいことへの対応

- 極力繰り返し練習をしなくてもよいように保育者間で打ち合わせる。
- 練習内容は，事前に視覚的に示し，回数や終わり時間も告げ，見通しを持たせる。
- 変更点や修正点がある場合は，混乱しないよう丁寧に図も用いて説明する。

要因4への支援　本番に参加しにくいことへの対応

- 不安の強い子どもや敏感な子どもは，緊張したり頻尿になったりして当たり前と想定しておく。
- 「先生もドキドキするけど，楽しもうね」と一緒に深呼吸したりしてリラックスさせる。
- 困った時に SOS が出せる保育者や保護者の場所を始まる前に確認させておく。

第**3**章

発達障害のある子の
個別の指導計画&
指導実践例

1 言葉の遅れがあり，ぼんやり過ごすことの多いけいくん
（私立保育園・２歳児）

(1) 概要

　けいくんは，保育園の１歳児クラスに入園しました。もともと姉が通園していた保育園だったので，園には保護者と一緒に何度も来ており，入園当初から混乱したり泣いたりすることは少なく，落ち着いて過ごしていました。排泄や食事，着脱なども保育者から促されれば，嫌がることはありませんが，ぼんやりしていて自分でしようとする姿もあまりみられません。また，発語がほとんどみられず，視線が合いにくいこともあり，保育者はけいくんの気持ちを理解することが難しいと感じていました。保育中もぼんやりしていることが多く，クラスの活動に参加することが難しい時には，別のコーナーで１人過ごすこともありました。自由に遊ぶ時間には，他の子ども達がおもちゃを使って思い思いに遊んでいるのに対して，けいくんは床にごろごろと寝転がって過ごしている姿が多くみられました。

　両親はけいくんのことを気にかける様子はありましたが，第３子を妊娠中ということもあり，積極的にけいくんの発達について相談に行くなどの行動はみられませんでした。保育者は，保護者との信頼関係の構築を第一に考え，妊娠中の母親の心身の状態や生活の変化を気遣いながら，日々のけいくんの様子を丁寧に伝えることを意識して関わっていました。保護者から「家でも嫌なことがあると泣きわめくばかりで，何が嫌なのかよくわからない」と，時折けいくんの子育てに関する悩みが聞かれた時には，園でも泣いて訴える姿があり，前後の状況とけいくんの視線や仕草から気持ちを読み取ろうとしていることなどを具体的に話していました。

　けいくんが２歳児クラスに進級し，第３子の子育ても少し落ち着いてきたころ，母親から，「けいくんの言葉が出ていないことが心配」と相談がありました。そこで，担任はけいくんのこれまでの様子を１歳児クラスの前担任と一緒に整理してみることを母親に伝えました。

(2) 気づきシート

　２歳児クラスの担任は，早速１歳児クラスの時の前担任にも声をかけ，けいくんの気づきシートをまとめてみました。その結果，１歳児の時から気づきシートにあるような行動が継続してみられることが明らかになりました。

気づきシート　2歳児（りす）組　名前（けいくん）　　　　　　　　　　記録日　202X年4月

項目	気になる行動	保育者の対応	記録者
基本的生活習慣	食事中もぼんやりしていることが多く，食べる時も手づかみで食べることが多かった。	「けいくん」と呼びかけ，スプーンに一口分をのせて，食べるように促した。	1歳児前担任
運動（粗大・微細）	棚の上によじ登って飛び降りることを繰り返した。	すぐに降りるように促し，降りない時には，抱っこして降ろした。	1歳児前担任
	くすぐったり，バランスボールの上で飛び跳ねたりする時に，保育者と視線が合ったり，声を出して笑う姿がみられた。	「面白いね」と共感し，「もう1回ね」と言って，繰り返し遊ぶようにした。	2歳児現担任
言葉（コミュケーション）	保育者にしてほしいことがある場合には，手を引いてその場に連れていくことで伝えようとするが，視線は合わなかった。	「○○してほしいんだね」とけいくんの思いを代弁して聞かせた。	1歳児前担任
遊び（表現）	自由遊びの時間にごろごろと寝転がっていることが多く，活動に参加することが少なかった。	保育者がウォーターベッドを作成し，寝転びながらも感覚刺激を楽しめるようにした。	1歳児前担任

(3) 園内支援会議

　5月に，前担任，現担任，主任，園長，市から派遣される巡回相談員を交えて，けいくんの園内支援会議を行いました。その結果，けいくんの行動の要因として，以下が考えられました。

❶ 感覚の偏りと覚醒の低さ

　けいくんのぼんやりしている姿から，覚醒の低さが疑われました。巡回相談員からは覚醒が低いことで周囲からの刺激が十分に受け取れておらず，それが言葉の遅れにもつながっている可能性があると示されました。さらに，覚醒の低さの奥には，感覚刺激を受け取りにくいという感覚の偏りがあり，棚の上から飛び降りるなどで，欲求を満たしていると推察されました。

❷ 社会性の弱さ

　保育者と視線が合うことが少ないことから，「人」の存在への気づきが弱く，それによって言葉という手段の有効性に気づいていない可能性も見い出されました。2歳児担任から報告された最近の様子として，ふれあい遊びやバランスボールでの遊びの時に，保育者と視線が合うと声が出ており，この姿が「人」への関心を高めるきっかけにできると意見が出ました。

❸ 支援の方針

　以上の結果を踏まえて，2歳児の指導目標を，「快適な感覚刺激によって覚醒を高め，人に対して視線や発声・発語などで自分の思いを伝えることができるようにすること」にしました。

(4) アセスメントシート　けいくん

*できている項目はチェック欄を 青 で塗りつぶす。短期目標の評価時にできた部分は， 黄 赤 等に順に塗りつぶす。

年齢時期	①基本的生活習慣	チェック	②運動(粗大・微細)	チェック	③社会性(人間関係)	チェック	④言葉(コミュニケーション)	チェック	⑤遊び(表現)	チェック
0歳 乳児期後期	睡眠のパターンが決まる		物をつまむ,乗せる,入れる,相手に渡せる		いないいないばあを喜ぶ		指差されたものを見る		親指と人差し指で小さい物をつまむ	
	手づかみで食べる		1人立ち,つたい歩きをする		後追いや人見知りがみられる		大人の言うことや動作を真似ようとする		積木を持ち替えたり,打ち鳴らせる	
1歳 乳幼児期後期	自分でズボンを脱ごうとする		1人で4歩以上歩く		場所見知りする		意味のある言葉を言う		積木を3〜5個積める	
	コップから飲む		滑り台で身体の方向を変えて足から滑る		「ダメ」で手を止める		「パパにどうして」など簡単な指示がわかる		なぐり書き(持ち方⇒わしづかみ)	
	スプーンを使い,自分で食べようとする		階段を1段1歩で上がる		同じ年ごろの子どもに寄って行く		目,耳,口など体の部分の名称が2つ以上わかる		ままごとのような再現遊びをする	
2歳 乳幼児期後期	大きなボタンがはめられる		鉄棒にぶら下がれる		他人の表情(笑う・泣く・怒る)を理解する		「パパ,かいしゃ」など2語文で話す		○△□のような型はめや紐通しができる	
	排尿を知らせる		横歩き,後ろ歩き,つま先立ちができる		「自分で」と大人の指示に反抗することがある		赤,青,黄などの色がわかる		真似て,円や十字が描ける	
	スプーンを鉛筆持ちで握るようになる		階段を1段1歩で降りる		子ども同士で追いかけっこをする		日常の簡単な挨拶をする		はさみで1回切りができる	
3歳 幼児期前期	ジッパーの開閉ができる		両足ジャンプができる		ブランコなどの順番を待てる		3つまでの数がわかる		簡単な童謡を1人で歌う	
	オムツがとれる		片足で5秒くらい立てる		テレビの主人公の真似をする		色の名前が5色以上言える		人の絵で顔だけでなく手足が出始める	
	スプーンやフォークが使える		ボールを1回ついて取る		「だるまさんがころんだ」のような簡単なルールを意識して遊ぶ		「ぼく・わたし」の1人称が使えるようになる		はさみで連続切りができる	
4歳 幼児期中期	靴の左右,服の前後がわかり,1人で着替える		片足ケンケンができる		小さい子の世話ができる		絵本の文章を暗記できる		じゃんけんの勝ち負けがわかる	
	自分で尿意を感じて,トイレに行く		鉄棒で前回りができる		勝敗を意識し,負けると悔しがる		「だって,〜だから」と理由が言える		描いた絵を説明する	
	フォークと箸を使い分け,こぼさないで食べる		ボールを利き手側で上手投げしたり蹴ったりする		グループで,ごっこ遊びをする		姓名・年齢を正しく言える		はさみで丸を切れる	
5歳 幼児期後期	外出後の手洗いうがい,食後の歯磨きが習慣化する		歌に合わせて簡単なダンスが踊れる		他者の立場や気持ちに配慮できる		子ども同士の会話が理解できる		習った歌を覚えて歌える	
	排尿便の始末が援助なしでできる		ボールを蹴ったり投げたりすることを楽しむ		当番活動などの仕事に取り組める		なぞなぞやしりとりができる		手本を見て,四角,三角が描ける	
	食事のマナーがわかり,食事の時間を意識して食べ切る		スキップができる		じゃんけんを使って順番を決める		昨日の話ができる		積木やブロックを組み合わせて形を作る	
6歳 就学前期	遊びや製作が終わったら後片づけをする		友達と手押し車ができる		社会的なルールやマナーを理解できる		ひらがなや数字が読め,書ける字もある		楽器の分担奏ができる	
	病気の予防,清潔習慣の大切さがわかる		縄跳びの前まわし跳びができる		他者の立場や気持ちを考えて,行動できる		かるたやババ抜きなどのカードゲームができる		地面を意識した説明画が描ける	
	食事の時間にするべきことが1人でできる		竹馬,鉄棒の逆上がりなどに挑戦する		約束を守ろうとする		曜日・季節の名前が言える		コマ回しや折り紙に挑戦する	

(けいくん)のジェノグラムとエコマップ

*家族それぞれの関係機関を確認：変更がある場合は，変更時の日付を入れる。

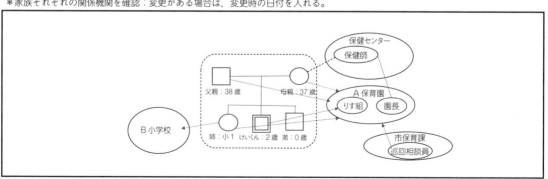

(5) 個別の保育・指導計画（202X年5月作成）

名前　けいくん（男）　　　　　　年齢　2歳9か月	所属　私立A保育園　2歳児　りす組　　　　　　　　（担任　　○　）
入園までの情報 ・基本的によく寝てよく食べるため育てやすい子どもだった。 ・4つ上の姉にかわいがられている。	**関係機関（保健・医療・福祉）の情報** ・1歳半健診で，言葉の遅れを指摘されるが，要観察となっていた。
クラスの様子 ・在籍人数18人，担任3名＋加配保育者1名。 ・0～5歳児まで各学年1クラス。 ・2歳児クラスの学年は，特別なニーズがある子どもが複数いるため，保育者が個別に配慮を行っている。	
本児の課題 ・視線が合いにくく，発語もないため，本人の気持ちが周囲に伝わりにくい。 ・日中ぼんやりしたり，ごろごろしたりして過ごすことが多く，活動量や経験が少ない。	**考えられる要因** ・覚醒の低さ。 ・感覚の問題（感覚刺激への低反応）。 ・社会性の弱さ（人への関心の低さ）。

長期目標

①感覚刺激を十分に感じ取ることで覚醒を上げ，いろいろな遊びや活動を経験する。
②自分の思いを何らかの方法（視線・発声・発語など）で周囲に伝えることができるようになる。

短期目標（期間　5／20　～　6／20　【 1 】学期　中期 ）

①毎朝バランスボールやトランポリンなどを行い，感覚刺激を十分に味わう。
②視線や発声を使って，自分の思いを担任に伝えることができる。

具体的な指導

〈クラスの環境構成と全体の支援〉	〈個別の支援〉（合理的配慮）
○毎朝のクラス活動として，バランスボールやトランポリンなどを使った運動遊びの時間を確保する。 　・クラス全員で行うと危険もあるため，時間差で朝のおやつを食べたり，保育室でのコーナー遊びも選択できたりする環境を整える。 　・バランスボールでは，上に座って跳ねることができるように，保育者が1人，ボールを支える役割として側についておく。 ※バランスボールとトランポリンをプレイルームに用意する。	・運動遊びの時間には，けいくんが遊び始めやすいように，保育者から誘いかけ，バランスボールの上に座らせて何度か揺らし覚醒を上げる。 ・自由遊びの時間には，毎日5分は担任がけいくんと1対1で1本橋のふれあい遊びを行う。くすぐる前のタイミングで少し待ち，けいくんと視線が合ってからくすぐるようにする。 ・けいくん自ら保育者の手を引っ張るなどによって要求してきた時には，視線を合わせて「して」とモデルを示す。

短期目標の結果・評価（3段階）　具体的な子どもの姿			保護者の評価
生活習慣	1・2・3		・家でも手を引いて要求する時に，視線が合うようになってきた。 ・1本橋のふれあい遊びを家でもやってみると，声を出して笑って，何度もやってほしいと手を引っ張るようになった。
運動	1・2・③	トランポリンでまっすぐ跳べるようになった。	
人間関係	1・2・③	保育者の手を引く時に，保育者と視線を合わせながら手を引っぱることが増えた。	
言葉	1・2・③		
遊び（表現）	1・②・3	運動遊びのあとの絵本の読み聞かせで，集中して聞く姿がみられるようになった。	

短期目標の保育の振り返り・今後の見通し・引継ぎ事項
・毎朝バランスボールやトランポリンに誘いかけることで，自ら運動遊びの部屋に行くようになった。
・そのあとの活動でもごろごろせず，活動に参加する時間が増えた。
・バランスボールやふれあい遊びで毎日関わる担任の顔を覚え，担任を見るとふれあい遊びをしてほしいと手を引いて要求することが増えた。その際には担任とも視線が合いやすく，笑顔を見せることが増えた。
・棚の上に登る行動は少し減ったが，階段の途中で飛び降りようとするなど，時々危険な行動がみられる。
・午睡後や夕方はごろごろしていることが多いため，午後からの活動にも運動遊びを取り入れるように検討する。

⑹ 指導内容と指導の経過

　保護者に園内会議の結果を伝えるために，父親，母親，担任，園長の４名で懇談を行いました。園長からは，アセスメントの結果を伝え，担任からは指導計画の説明とともに，日々のけいくんの様子を改めて詳しく伝えました。両親は言葉が出ないことが一番気になっており，専門的な支援を受けたいと考えているとのことでした。そこで，園長は「けいくんのためにできることを一緒に考えたい」という思いを伝え，児童発達支援の利用の可能性も含めて役所の窓口に相談に行ってみることを提案し，両親もそれに同意しました。

　保育園では，指導計画に沿って，毎朝の運動遊びを始めました。運動遊びでは，けいくんが感覚刺激を十分に感じられるように，トランポリンやバランスボール，巧技台などを組み合わせた環境設定を行いました。また，運動遊びをクラス全員で行うのは危険があるため，保育室でのコーナー遊びも並行してできるようにしました。それによって，少人数で丁寧に運動遊びができるだけでなく，他の子ども達もその日の自分のやりたいことや体調等に合わせて落ち着いて過ごせるようになりました。けいくんは，朝は特にぼんやりしていることが多く，保育者が言葉で誘いかけるだけでは遊びにのらない様子でした。そのため，最初の１週間は担任が個別に誘いかけ，抱っこでバランスボールの上に乗せて揺らして遊ぶようにしました。感覚刺激の取り入れにくさがあることを考慮し，少し激しく揺らすようにすると，けいくんの顔がパッと明るくなり，ケラケラと声を出して笑い出しました。何度か繰り返していると，けいくんから保育者の手を引いて，ボールに座らせるようにと要求するようになりました。その時に，保育者がけいくんの顔を覗き込み，視線を合わせて「せんせい，して」とモデルを示すと，徐々にけいくんから視線を合わせてくることが増えていきました。

　後日，役所に相談に行ったと母親から園長に報告がありました。児童発達支援に通うための通所受給者証を取得し，週に２回通いたいと考えており，いくつか事業所の見学に行く予定ということでした。園長からは，園で収集していた近隣の児童発達支援のパンフレットなどを渡し，一緒に考える姿勢を示しました。両親は見学の結果，言語・コミュニケーション支援を中心に行っている児童発達支援に週に２回，１回45分の支援を受けることに決めました。

　６月から，火と木の朝は保護者が児童発達支援まで送り，そのあとは児童発達支援の送迎車が保育園までけいくんを送迎するという並行通園が始まりました。毎回の児童発達支援の様子は，児童発達支援・保護者・保育園の３者間の連絡帳に書かれているので，送迎時に保育園で受け取り，確認しています。園で作成した指導計画は保護者経由で児童発達支援に渡してもらい，園での支援についても共有するようにしました。

　秋になると，けいくんは保育者や保護者にしてほしいことがある時には「して」と言葉を使って要求するようになりました。他にも，色の名前を覚え，指差しながら「あか」「あお」などと言って楽しんでいる様子がみられるようになりました。時折，色のついた積み木を指差し

ながら，保育者の顔を覗き込み，何色か言ってもらうのを期待する姿も出てきています。園の中ではごろごろしながら過ごす時間が短くなり，寝転んでいる時にも，保育者が机の上にけいくんの好きなおもちゃを置いて，「座って遊ぼう」と声をかけると，椅子に座って遊ぶことができるようになってきました。一方で，自分の好きなことと嫌いなことがはっきりしてきたことから，やりたくないことがあると「イヤ」と言って拒否する姿もみられています。保護者も，家庭で「イヤ」と言って泣きわめくことがあるものの，1歳児の時と比べると，何が嫌かを視線や時には言葉を使って伝えようとしてくれるようになり，わかりやすくなったと話しています。保育者は，「イヤ」を伝えることができることは成長の証と喜び合いながらも，家庭での大変さに共感し，園では様子をみながら，時には折り合いがつけられるように，けいくんにわかるような説明を試みていることを伝えました。

(7) 評価

　年度末には，言葉の数が増え，時折2語文もみられるようになりました。ぼんやりしている時間が減り，明るい表情で自分の好きな遊びを楽しむ時間が増えました。ふれあい遊びや身体を使った遊びも好み，担任保育者を見ると視線を合わせながら「一本橋して」と要求することもできるようになりました。

　年度末の園内支援会議には，保護者，次年度3歳児クラスの担任，児童発達支援の担当者にも参加してもらい，この1年のけいくんの育ちを振り返りながら，保育園と児童発達支援のそれぞれの役割と，3歳児クラスへの引継ぎ事項について話し合いました。保護者は，この1年でけいくんの表情が明るくなり，園にも児童発達支援にも楽しそうに通っていることが何より嬉しいと涙ぐみながら話をされました。担任からは，この1年で自分の気持ちを伝える手段が増えてきたことから，3歳児になっても担任との信頼関係を構築することで，安心して過ごすことができるのではないかという見通しを伝えました。ただ，環境の変化に戸惑いやすいこと，好き嫌いがはっきりしてきたことから，嫌なことややりたくないことをどのように捉えていくか，特に3歳児になると，クラスの子どもの数が増え担任数が減ることから，個別の支援と集団での活動への参加をどのように行うかを検討していく必要があります。園では，まずはけいくんの興味や関心のあることを生かし，好きなことが十分にできる環境や保育のあり方を検討することを主な方針として考え，次の保育・指導計画の作成に取り組むことを伝えました。児童発達支援では，1対1の療育であることを生かして，今後園で行う予定である新しい活動などについて情報共有しながら，可能な範囲で事前に取り組んでおくことで，けいくんの安心や自信につなげられるのではないかと提案がありました。けいくんを取り巻く複数の人同士で，連携を図りながら引き続き，けいくんの毎日とこれからを支えていくことを共通認識し，会議を終えました。

2 自分の世界に没頭する空想家まいちゃん
（市立保育園・2歳児）

（1）概要

　まいちゃんは6年保育児の2歳児です。母親の育休明けの8か月から入園しているからか，人見知りすることなく保育園に慣れ，両親も安心していました。2歳児になり，ごっこ遊びが大好きで，自分の好きなアニメのキャラクターになりきり1人で遊びを楽しみます。しかし，友達が他の遊びをしているところに割り込んでキャラクターを演じ続けたり，友達が嫌がっていても一方的に魔法をかけたりしてしまいます。担任は，まいちゃんの好きなキャラクターを覚えてごっこ遊びをする時間を意識的につくっていましたが，一緒に遊んでいる気がしません。

　着替えの時間，まいちゃんはロッカーから着替えの服が入ったカゴを出すと，ロッカーに顔を突っ込んでぶつぶつと独り言を言ったり，出てきたかと思うとカゴをかぶってカゴの穴から見える世界をぶつぶつと言いながら楽しんだりして，一向に着替えが進みません。他の場面でも，着替えになると動作が止まってしまうことが続きました。家庭でも同じような状況があると保護者から相談された担任は，「どのように接していったらよいだろうか」と担任間で話し合いを始めました。

（2）気づきシート

　担任の先生がまいちゃんの気づきシートをまとめてみたところ，上述したエピソード以外に以下のような行動が明らかになりました。

気づきシート　2歳児（あひる）組　名前（まいちゃん）　　　　　　　　記録日　202X年4月

項目	気になる行動	保育者の対応	記録者
基本的生活習慣	学年が上がってクラスの部屋が変わるたびに大泣きしていた。	担任と一緒に前のクラスの保育室で過ごすと泣きやむが，自室に戻ると大泣きした。	担任A（複数担任制）
言葉（コミュニケーション）	集まっている時にぼんやりして話を聞いていなかった。	話し始める前にトントンと肩を叩き，聞くように合図を送るが，すぐに気がそれた。	担任B（複数担任制）
遊び（表現）	ままごとの途中で他の遊びに行き，再び戻ってくると，「まいちゃんの」と言って，自分の設定していた場所に全てを戻そうとした。	「今は○○くんが使っているから順番ね」と話して聞かせるが，順番に使うということがわからない。	フリー保育士

他の職員からもまいちゃんのさまざまな行動が報告されました。担任同士でアセスメントシートを記入してみたものの，要因がはっきりつかめませんでした。そこで，市に設置されている療育センターへの相談をすすめ，母親は子育て相談に本児を連れて行きました。

(3) 園内支援会議

　5月の療育センターでの相談後，まいちゃんについて療育センターの担当者を交え，園内支援会議で話し合いをしました。そこで，まいちゃんの行動の要因が徐々に明らかになりました。

❶ 社会性の課題

　母親からの情報を基に，まいちゃんの家庭生活や遊びの実態も明らかになりました。公園で同じくらいの年齢の子がいても1人自分のペースで遊び続ける，家に来客があると突然怖がって部屋の奥で固まる，兄妹でおやつを半分にしようとすると嫌がる，母親が腹痛で「痛いの」としゃがみ込んでも笑って話し続けるなどの様子があり，対人意識，人に合わせたやりとりのスキルが不足していることがわかりました。その一方で，アニメの台詞を丸暗記してすらすらと言えたり，対大人と2人の縦の関係では，質問に返答したりすることも得意です。絵本が好きで出てくる物の名前をよく覚えており，言葉での記憶が得意であることもわかりました。

❷ 感覚の課題

　帽子はかぶらずゴムで首に引っかけたままにする，カーテンに巻きついて出てこないなど感覚面の課題があることがわかりました。

❸ 支援の方針

　以上の結果を踏まえ，進級までの指導目標を，「手順表を見ながら自分で着替えられることと，友達と役割を代わり合って遊ぶこと」にしました。

　指導の手立てでは，得意な「言葉での記憶」を使うこと，その時には，まだ2歳児であることに配慮し視覚的に確認できるものを一緒に使うこと，保育士がやり方を示し段階的に教えること，友達を意識し相手と代わり合って遊ぶためのスキルを獲得するということを大切にしました。スキル獲得の支援として，自分の世界に入りすぎて友達と遊びを続けることが難しいので，役割が明確でやりとりがわかりやすいお店屋さんごっこの環境を整えることにしました。

　また，9月以降は，療育センターの言語聴覚士（ST）による指導に週1回通所し，遊びの中でソーシャルスキルトレーニングを受けることになりました。短期目標は，園の保育課程の期（4期）ごとに評価し，次の短期目標を考えることにしました。

(4) アセスメントシート　まいちゃん

*できている項目はチェック欄を 青 で塗りつぶす。短期目標の評価時にできた部分は，黄 赤 等に順に塗りつぶす。

年齢時期	①基本的生活習慣	チェック	②運動（粗大・微細）	チェック	③社会性（人間関係）	チェック	④言葉（コミュニケーション）	チェック	⑤遊び（表現）	チェック
0歳 乳児期後期	睡眠のパターンが決まる		物をつまむ、乗せる、入れる、相手に渡す		いないいないばあを喜ぶ		指差されたものを見る		親指と人差し指で小さい物をつまむ	
	手づかみで食べる		1人立ち、つたい歩きする		後追いや人見知りがみられる		大人の言うことや動作を真似ようとする		積木を持ち替えたり、打ち鳴らせる	
1歳 乳幼児期後期	自分でズボンを脱ごうとする		1人で4歩以上歩く		場所見知りする		意味のある言葉を言う		積木を3～5個積める	
	コップから飲む		滑り台で身体の方向を変えて足から滑る		「ダメ」で手を止める		「パパにどうぞして」など簡単な指示がわかる		なぐり書き（持ち方⇒わしづかみ）	
	スプーンを使い、自分で食べようとする		階段を1段1歩で上がる		同じ年ごろの子どもに寄って行く		目、耳、口など体の部分の名称が2つ以上わかる		ままごとのような再現遊びをする	
2歳 乳幼児期後期	大きなボタンがはめられる		鉄棒にぶら下がれる		他人の表情（笑う・泣く・怒る）を理解する		「パパ、かいしゃ」など2語文で話す		○△□のような型はめや紐通しができる	
	排尿を知らせる		横歩き、後ろ歩き、つま先立ちができる		「自分で」と大人の指示に反抗することがある		赤、青、黄などの色がわかる		真似て、円や十字が描ける	
	スプーンを鉛筆持ちで握るようになる		階段を1段1歩で降りる		子ども同士で追いかけっこをする		日常の簡単な挨拶をする		はさみで1回切りができる	
3歳 幼児期前期	ジッパーの開閉ができる		両足ジャンプができる		ブランコなどの順番を待てる		3つまでの数がわかる		簡単な童謡を1人で歌う	
	オムツがとれる		片足で5秒くらい立てる		テレビの主人公の真似をする		色の名前が5色以上言える		人の絵に顔だけでなく手足が出始める	
	スプーンやフォークが使える		ボールを1回ついて取る		「だるまさんがころんだ」のような簡単なルールを意識して遊ぶ		「ぼく・わたし」の1人称が使えるようになる		はさみで連続切りができる	
4歳 幼児期中期	靴の左右、服の前後がわかり、1人で着替える		片足ケンケンができる		小さい子の世話ができる		絵本の文章を暗記できる		じゃんけんの勝ち負けがわかる	
	自分で尿意を感じて、トイレに行く		鉄棒で前回りができる		勝敗を意識し、負けると悔しがる		「だって、～だから」と理由が言える		描いた絵を説明する	
	フォークと箸を使い分け、こぼさないで食べる		ボールを利き手側で上手投げしたり蹴ったりする		グループで、ごっこ遊びをする		姓名・年齢を正しく言える		はさみで丸を切れる	
5歳 幼児期後期	外出後の手洗いうがい、食後の歯磨きが習慣化する		歌に合わせて簡単なダンスが踊れる		他者の立場や気持ちに配慮できる		子ども同士の会話が理解できる		習った歌を覚えて歌える	
	排尿便の始末が援助なしでできる		ボールを蹴ったり投げたりすることを楽しむ		当番活動などの仕事に取り組める		なぞなぞやしりとりができる		手本を見て、四角、三角が描ける	
	食事のマナーがわかり、食事の時間を意識して食べ切る		スキップができる		じゃんけんを使って順番を決める		昨日の話ができる		積木やブロックを組み合わせて形を作る	
6歳 就学前期	遊びや製作が終わったら後片づけをする		友達と手押し車ができる		社会的なルールやマナーを理解できる		ひらがなや数字が読め、書ける字もある		楽器の分担奏ができる	
	病気の予防、清潔習慣の大切さがわかる		縄跳びの前まわし跳びができる		他者の立場や気持ちを考えて、行動できる		かるたやババ抜きなどのカードゲームができる		地面を意識した説明画が描ける	
	食事の時間にするべきことが1人でできる		竹馬、鉄棒の逆上がりなどに挑戦する		約束を守ろうとする		曜日・季節の名前が言える		コマ回しや折り紙に挑戦する	

（まいちゃん）のジェノグラムとエコマップ

*家族それぞれの関係機関を確認：変更がある場合は，変更時の日付を入れる。

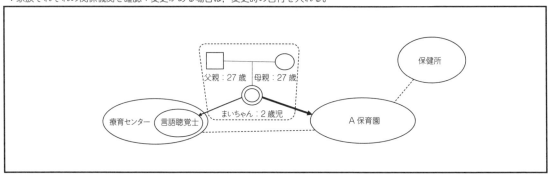

(5) 個別の保育・指導計画（202X年6月作成）

名前　まいちゃん（女）　　　**年齢**　2歳8か月　　**所属**　市立A保育園　2歳児　あひる組　　　　　　（担任　A）

入園までの情報	関係機関（保健・医療・福祉）の情報
・8か月までは自宅で母と一緒に過ごしていた。 ・離乳食を嫌がり，あまり食べなかった。	・療育センターで社会性の遅れを指摘される。

クラスの様子
・在籍人数17人，2歳児のみのクラスで3人担任制。
・6年保育，各学年1クラス，担任のうち1人は持ち上がりで，子ども同士の関わり合いがでてきている。
※地域に，療育センターがあり，必要に応じて療育に週1回通うことができる。

本児の課題	考えられる要因
・自分の世界に入ってぼんやりするため，着替えや食事が進まない。 ・周りの状況に構わず，自分の世界でやりたい遊びを通す。	・社会に適応するためのスキルの不足。 ・言葉の記憶が得意。

長期目標
①手順表を見ながら，最後まで着替えができる。
②友達と役割を代わり合って遊ぶことができる。

短期目標（期間　6／1 ～ 8／31 ）
①お店屋さんごっこで，お客さんに合わせたやりとりができる。

具体的な指導

〈クラスの環境構成と全体の支援〉	〈個別の支援〉（合理的配慮）
○「お店屋さんごっこ」の遊びをする。 　・お店のレジに立って「いらっしゃいませ」「なにがいいですか」「ありがとうございました」などのやりとりをする。 　・食品の形になっている玩具やジュースなどを器に入れて渡す。 　・受け取ったら，テーブルのところで食べて遊ぶ。 　・レジ係，品物を渡す人，お客さんなどの役をして遊ぶ。 ※レジや看板，必要な器，お店のメニュー表，色の違うお盆数枚をコーナーに準備する。 ※自分の役がわかるように，エプロンや布などを準備する。	・お店屋さんごっこの手順表を掲示しておき，一緒に見て言葉や動きを確認できるようにする。 ・友達の注文を聞いてから品物を用意する時には注文された言葉を言いながら品物を用意できるように一緒に取り組む。 ・本児が好きなキャラクターのままでも，お店屋さんの決まったやりとりになれば認め，本児の得意な言葉を使ったやりとり遊びが経験できるようにする。

短期目標の結果・評価（3段階）　具体的な子どもの姿			保護者の評価
生活習慣	1・2・3		・お店屋さんごっこ遊びが気に入り，家でも両親を相手に「いらっしゃいませ」と言って買いに来てもらいたがる。 ・ペットボトルに色水を入れ，「○味のジュース」作りに，はまっている。
運動	1・2・3		
人間関係	1・2・③	友達が注文するまで待ち，注文された品を渡した。	
言葉	1・2・③	お客さんが来たら「いらっしゃいませ」と言った。	
遊び・表現	1・2・③	手順表に沿った形でお店屋さんの役ができた。	

短期目標の保育の振り返り・今後の見通し・引継ぎ事項
・お店での言葉のやりとりが決まっている場面では，キャラクターになりきって生き生きと友達に声をかけるようになった。相手の注文にも耳を傾けるようになってきている。
・お店屋さんごっこの手順表は，上から下に見てできるように示し，一緒に声に出して確認することで，友達とやりとりすることへの安心につながった。
・Ⅲ期後半には，お客さん側になってのやりとりも楽しめるように保育士が見本を示していきたい。
・決まったやりとりはできるが柔軟にはまだ難しい。療育センターのST指導と連携して，指導を継続する。

⑹ 指導内容と指導の経過

　保育室のキッチンコーナーは子ども達に人気の場所でした。そこで，担任間で話し合い，やり取りをして遊ぶことができるお店屋さんコーナーを作ってみようということになりました。まだどの子どもも身近な物の名前を覚えている最中ですので，野菜などの食材や本物そっくりの食品のおもちゃを用意したり，ペットボトルに色水を入れてジュースにしたり，本物のチラシをメニューにしたりと，具体的なわかりやすさにも配慮しました。新しいお店屋さんコーナーを見て，子どもたちは大喜びでレジを触ってみたり，メニューを見せ合ったりして早速お店屋さんごっこを始めました。まいちゃんも入って早速メニュー表を見つめています。

	ず	せつめい
1		いらっしゃいませ
		まつ
2		なにがいいですか
		これください
3		100えんです
		はい，100えん
4		すこしおまちください
		まつ
5		はい，どうぞ
		ありがとう
6		またきてください

　一般的なお店屋さんのやりとりでは，「どれにしますか？」「これがおすすめですよ」などがあげられます。しかし，最近の子ども達が保護者と行く買い物場面では，黙々と商品を選び，自分で会計してしまうところも多く，このようなやりとりは減ってきているかもしれません。

　そこで保育士は，右図のようなお店屋さんごっこの手順表をまいちゃんと他の子ども達に見せながら説明しました。

　手順表には，お店でのやりとりを絵で示し，店員役の台詞で子ども達が言えそうな言葉が書いてあります。子どもは文字を読めませんが，台詞があると補助に入った保育士が子ども達の不明瞭な言葉でのやりとりでも理解でき，一緒に言うなどの支援がしやすくなります。

　手順表のポイントは，色のついた部分です。お客さん役に応える番を示しています。その間は，自分勝手に動いてしまわないで，お客さん役の友達が選ぶ物やお金，友達の顔を見るというやりとりの「受ける」部分を視覚的に示しています。

　店員役は，お客さん役に応じて台詞を言うことが大事なので，注目しやすいように色を変えています。実際の遊びでも，役割がわかりやすいように，店員役はピンク，お客さん役はみどり色のかばんを手に持ち，エプロンとかばんの色は手順表の色と一致させています。

　まいちゃんは，台詞も流れもあっという間に覚えて「いらっしゃいませー，なにがいいですかー」と，いつものキャラクターになりきり店頭に立ちました。お客さん役が来て注文

を待つ，お客さん役が選ぶ品物を見る，注文の品物を手渡すなど，色のついた動きもしっかり覚えて，やりとりが成立しました。他のクラスの保育士も「何にしようかな？　選ぶ間待ってくれてありがとう」とほめてくれました。まいちゃんは，嬉しそうにその後も友達のお客さん役とも上手にやりとりすることができ，お店屋さんごっこの遊びを続けていました。

　この経験を生かし，担任はまいちゃんに着替えの手順表も作りました。最後の欄にはまいちゃんが好きなキャラクターが変身したあとの絵が描かれています。何をするか最後まで見通せることで，「○○になるの！」と，まいちゃんは大はりきりで着替えを始めました。年齢的にまだ1人で全部を着替えることは難しく，「手が抜けない」と途中でくじけ，止まってしまいそうになりますが，担任がタイミングよく手伝いながら「○○に変身〜！」と声をかけると，最後まで着替えができるようになりました。

　9月から始まった療育センターでのソーシャルスキルトレーニングでは，週1回60分の時間に，まいちゃんがその日気に入った遊びの中で，やりとりやルールのある遊びに取り組みました。その中で，先生が友達役になり，友達が使っているおもちゃを使いたい時のスキルや，一緒に遊びを続けるためのスキルを身につけていきました。進級する頃には，お店屋さんごっこだけでなく，他の遊びでも友達との順番や交代を守るようになり，友達の遊びに自分勝手に割って入ることはなくなりました。

(7) 評価

　3学期になると，友達がまいちゃんのキャラクターごっこに参加するようになり，いろんなキャラクターに一緒に変身して遊びを楽しむようになりました。時々は，「自分の好きなキャラクターになってほしい」と友達に押しつけようとする場面が見られることもありますが，その都度，友達と一緒に遊びを続ける時のルールをソーシャルスキルトレーニングで練習してきていた絵カードを使い，担任が一緒に確認します。絵カードを提示されると，まいちゃんは，はっと気がつきます。改めて「○○ちゃんは，なにになりたい？」と聞き，友達のやりたい役割を「いいよ」と尊重することができました。

　3歳児への進級を前に，園内支援会議では，療育センターの先生を含めて今後の予想される活動を話し合いました。新しい3歳児クラスの保育室での持ち物や玩具の置き場所，約束などを前もって経験させておくこと，クラスの友達と一緒に新しい保育室で遊んでみること，保育室が変わっても友達と一緒に遊ぶ時のルールは同じであることを絵カードで示しておくことなどを確認しました。

3 思い通りにならないと泣き叫ぶかいくん
（私立保育園・3歳児）

(1) 概要

　かいくんは，3歳児にしては大柄で活発な男の子です。2歳児で入園した頃は，送ってきた母親にしがみつき泣き叫び，なかなか離れることができない日々が続きました。保育園に慣れてくると，自分の使いたいおもちゃが手に入らないと友達を押し倒して取ることが出てきました。自分が座りたい椅子に友達が座っていると「もう！」と怒って無理やり椅子から友達を下ろして自分が座ります。2歳児の担任が，椅子に子どもそれぞれのマークを貼りつけて目印にすると，友達の椅子に座りに行こうとせず，少しの時間は落ち着いて座るようになりました。

　3歳児クラスでは，外で鬼ごっこをすることが人気の遊びです。かいくんは，走るのがとても早く，友達につかまらず走り続けます。でも，かいくんは自分が鬼の時も，ただ園庭を走り回っているだけでした。七夕飾りを作るため，かいくんは，はさみで折り紙を切ろうとしましたが，何枚も切ることが面倒になりました。「もう！」と腹を立てて大泣きし，部屋のロッカーを蹴り続けました。母親も，かいくんが家の中をずっと走り回っていたり，よく大声で怒って泣いて暴れたりするけれど，理由を聞いても答えないので何に腹を立てているのかわからず困っている様子でした。

(2) 気づきシート

　7月末の職員会議で，担任は2歳児担任や補助の保育士と一緒にかいくんの気づきシートを書いてみました。上述したエピソード以外に以下のような行動が明らかになりました。

気づきシート　3歳児（ひつじ）組　名前（かいくん）　　　　　　　　　　　　記録日　202X年7月

項目	気になる行動	保育者の対応	記録者
社会性（人間関係）	気に入らないおもちゃをあたり構わず投げつけた。	かいくんが腹を立て始めたら，他の子ども達を離れた場所へ連れていくようにしていた。	2歳児担任
遊び（表現）	玉入れの時，「終わり」と言われても入れ続けてやめられなかった。	「終わり」の合図で入れ物に蓋をするが，まだ入れたくて泣き叫んでいた。	補助保育士
	同じ机でお絵かきをしている友達の紙にも描いてしまった。	友達と別の机を用意していた。	3歳児担任

このように，他の職員からもかいくんは思い通りにならないと泣き叫ぶという行動が報告されました。かいくんは，言葉の理解が難しいのかもと話し合っていた時期に，母親から3歳児健診があるという話を聞き，健診後保護者が保健師に相談することもできると知らせました。

(3) 園内支援会議

健診では「言葉の遅れ」を指摘され，再相談で発達検査を受けられたということでした。その結果を母親が園にも持ってきてくれました。結果をみると，やはり言語面の弱さが明らかになりました。多動・衝動性の傾向も指摘されていました。

❶ 運動機能の発達に優れている

再相談では，新版K式発達検査を受けたそうで，全体の発達は，年齢相当，特に，姿勢・運動領域はケンケンもできており，身体を動かすことは得意なようでした。

❷ 言語面の発達が遅れている

1対1の場面では，パズルや形を見て同じ物を見つける課題などは年齢相当にできましたが，よく見て知っているはずの物の名前があやふやだったり，「怒っている」と「驚いている」の言葉の違いがわかっていなかったり，簡単な文章を真似して言う時も，助詞や文末を間違えるなど言語面の力が半年から1年くらい遅れていることが指摘されました。

❸ 多動・衝動性が見られる

同時に，発達検査時，入室すると椅子や机の下に潜り込んだり，椅子の上に立ち上がったりと着席までに非常に時間がかかりました。着席しても検査者の道具を自分が動かしたくて取りあげに行ったり，検査者の教示への反応は早いのですが，ちゃんと聞き取れていなかったりする様子だったと報告書に書かれていました。

以上のことから，注意の持続が弱く，動きの多さが言語の獲得に影響し，うまく言葉で伝えられないことで癇癪や泣き叫びという行動につながっているとわかりました。

❹ 支援の方針

4歳児に進級するまでに，「遊びのルールを示す言葉を覚えること，カッとなった時の気持ちの収め方を覚えること」を目標にし，指導では，得意な身体を動かす場面で動くことを十分楽しませながら，1つずつルールを入れる，動きと言葉を一致させるようにていねいに伝え，ついつい注意する言葉が多くなりがちですが，できた時には褒めることを大事にしようと保育士全員で確認しました。

(4) アセスメントシート　かいくん

*できている項目はチェック欄を 青 で塗りつぶす。短期目標の評価時にできた部分は，黄 赤 等に順に塗りつぶす。

年齢時期		①基本的生活習慣	チェック	②運動（粗大・微細）	チェック	③社会性（人間関係）	チェック	④言葉（コミュケーション）	チェック	⑤遊び（表現）	チェック
0歳	乳児期後期	睡眠のパターンが決まる		物をつまむ，乗せる，入れる，相手に渡せる		いないいないばあを喜ぶ		指差されたものを見る		親指と人差し指で小さい物をつまむ	
		手づかみで食べる		1人立ち，つたい歩きする		後追いや人見知りがみられる		大人の言うことや動作を真似ようとする		積木を持ち替えたり，打ち鳴らせる	
1歳	乳幼児期後期	自分でズボンを脱ごうとする		1人で4歩以上歩く		場所見知りする		意味のある言葉を言う		積木を3〜5個積める	
		コップから飲む		滑り台で身体の方向を変えて足から滑る		「ダメ」で手を止める		「パパにどうして」など簡単な指示がわかる		なぐり書き（持ち方⇒わしづかみ）	
		スプーンを使い，自分で食べようとする		階段を1段1歩で上がる		同じ年ごろの子どもに寄って行く		目，耳，口など体の部分の名称が2つ以上わかる		ままごとのような再現遊びをする	
2歳	乳幼児期後期	大きなボタンがはめられる		鉄棒にぶら下がれる		他人の表情（笑う・泣く・怒る）を理解する		「パパ，かいしゃ」など2語文で話す		○△□のような型はめや紐通しができる	
		排尿を知らせる		横歩き，後ろ歩き，つま先立ちができる		「自分で」と大人の指示に反抗することがある		赤，青，黄などの色がわかる		真似て，円や十字が描ける	
		スプーンを鉛筆持ちで握るようになる		階段を1段1歩で降りる		子ども同士で追いかけっこをする		日常の簡単な挨拶をする		はさみで1回切りができる	
3歳	幼児期前期	ジッパーの開閉ができる		両足ジャンプができる		ブランコなどの順番を待てる		3つまでの数がわかる		簡単な童謡を1人で歌う	
		オムツがとれる		片足で5秒くらい立てる		テレビの主人公の真似をする		色の名前が5色以上言える		人の絵で顔だけでなく手足が出始める	
		スプーンやフォークが使える		ボールを1回ついて取る		「だるまさんがころんだ」のような簡単なルールを意識して遊ぶ		「ぼく・わたし」の1人称が使えるようになる		はさみで連続切りができる	
4歳	幼児期中期	靴の左右，服の前後がわかり，1人で着替える		片足ケンケンができる		小さい子の世話ができる		絵本の文章を暗記できる		じゃんけんの勝ち負けがわかる	
		自分で尿意を感じて，トイレに行く		鉄棒で前回りができる		勝敗を意識し，負けると悔しがる		「だって，〜だから」と理由が言える		描いた絵を説明する	
		フォークと箸を使い分け，こぼさないで食べる		ボールを利き手側で上手投げしたり蹴ったりする		グループで，ごっこ遊びをする		姓名・年齢を正しく言える		はさみで丸を切れる	
5歳	幼児期後期	外出後の手洗いうがい，食後の歯磨きが習慣化する		歌に合わせて簡単なダンスが踊れる		他者の立場や気持ちに配慮できる		子ども同士の会話が理解できる		習った歌を覚えて歌える	
		排尿便の始末が援助なしでできる		ボールを蹴ったり投げたりすることを楽しむ		当番活動などの仕事に取り組める		なぞなぞやしりとりができる		手本を見て，四角，三角が描ける	
		食事のマナーがわかり，食事の時間を意識して食べ切る		スキップができる		じゃんけんを使って順番を決める		昨日の話ができる		積木やブロックを組み合わせて形を作る	
6歳	就学前期	遊びや製作が終わったら後片づけをする		友達と手押し車ができる		社会的なルールやマナーを理解できる		ひらがなや数字が読め，書ける字もある		楽器の分担奏ができる	
		病気の予防，清潔習慣の大切さがわかる		縄跳びの前まわし跳びができる		他者の立場や気持ちを考えて，行動できる		かるたやババ抜きなどのカードゲームができる		地面を意識した説明画が描ける	
		食事の時間にするべきことが1人でできる		竹馬，鉄棒の逆上がりなどに挑戦する		約束を守ろうとする		曜日・季節の名前が言える		コマ回しや折り紙に挑戦する	

（かいくん）のジェノグラムとエコマップ

*家族それぞれの関係機関を確認：変更がある場合は，変更時の日付を入れる。

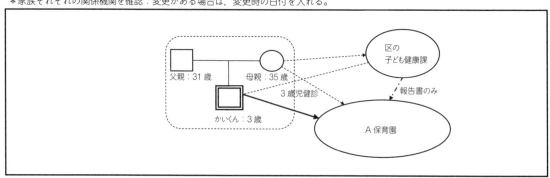

(5) 個別の保育・指導計画 (202X年9月作成)

名前　かいくん（男）	年齢　3歳8か月	所属　私立A保育園　3歳児　ひつじ組	（担任　C　）

入園までの情報	関係機関（保健・医療・福祉）の情報
・癇癪がひどく，なかなか寝つかなかった。 ・初歩は10か月で，よく歩きまわり高いところに登っていた。	・3歳児健診で「言葉の遅れ」と「多動」の指摘があった。

クラスの様子
・在籍人数17人，配慮を必要とする幼児が1人いるため，午前中のみ加配の保育士がクラスに入る。
・保育園は，0〜5歳の各学年1クラス。
・持ち上がりの子どもが15名，新入園児が2名いる。

本児の課題	考えられる要因
・思い通りにならないと癇癪をおこして泣き叫び物にあたる。 ・思いついたら周囲に関係なくすぐに行動してしまう。	・動きの多さ，注意の広がりやすさから，生活や遊びの中で獲得するはずの言葉が十分得られていないのではないか。

長期目標
①遊びのルールを示す言葉を覚えて，ルールを守って遊ぶことができる。
②自分でクールダウンの場に行き，気持ちが切り替えられる。

短期目標（期間　10／1　〜　10／30　【 2 】学期　10月期　）
①しっぽとりゲームのルールを理解して遊ぶことができる。
②保育士と一緒にクールダウンの場所に行くことができる。

具体的な指導

〈クラスの環境構成と全体の支援〉	〈個別の支援〉（合理的配慮）
○「しっぽとりゲーム」の遊びをする。 　・保育士は子どもたちにしっぽをつける。 　・戻ってくる家エリアに水線を引いておく。 　・しっぽを1つ取ったら，家の場所に戻ることを絵に描いて示しておく。 　・最初は，しっぽを取られるネズミ役と取るネコ役を保育士対子どもグループでする。 ※必要なしっぽ，応援グッズのポンポンを園庭に準備する。 ※しっぽを取られた時の悔しい気持ちに共感し言葉にする。 ※2グループに分け，友達の様子を見る機会を持つ。	・クールダウンの場所を園庭にも用意する。泣く時には加配保育士と一緒にこの場に来てよいことを事前に伝えておく。 ・しっぽは1つ取るというルールが明確にわかるよう絵カードで提示しておく。守って戻れた時にはすぐに十分褒める。 ・別のグループが保育士としっぽとりゲームをしている時も，ポンポンを持って応援し，身体を動かすことを保障する。

短期目標の結果・評価（3段階）　具体的な子どもの姿		保護者の評価
生活習慣	1・2・3		・タオルをしっぽにして，家でもしっぽとりゲームをしていた。 ・役を交代してタオルを取ると怒って泣くことが多いが，しばらくすると「もう1回」と戻ってきた。
運動	1・2・3	
人間関係	1・2・③	友達のグループの時はポンポンで応援した。
言葉	1・②・3	悔しかった気持ちを保育士と一緒に言葉で言った。
遊び（表現）	1・②・3	ネコ役の保育士にしっぽを取られると怒って泣き，加配保育士と場を移動した。

短期目標の保育の振り返り・今後の見通し・引継ぎ事項
・保育士がしっぽを取られる役の時は，興奮気味ではあるが1つ取って戻り褒めてもらえることを喜んでいた。
・自分がしっぽを取られた時は大泣きすることが多く，クールダウンの場所に保育士と一緒に移動して毛布を蹴ることで次第に落ち着きを取り戻した。「悔しかった」と言葉で言い，遊びに戻っていた。
・11月期には，子ども同士で役割を交代して遊びを進めていくので，取った相手に怒って手を出してしまう前に，クールダウンの場所に移動できるよう，加配保育士と連携をとっていく。大泣きするのではなく，「残念」「悔しい」という言葉を言いながらじだんだを踏むという表現に切り替えさせるよう，保育士がモデルを示す。

⑹ 指導内容と指導の経過

　しっぽとりゲームは，9月の運動会の時に年長児クラスの親子競技で取り組んだ遊びでした。年長児が楽しそうに遊んでいるところを見て，ひつじ組でも「しっぽをつけてやってみたい」という子どもが増え，取り組むことになりました。しっぽを取ったり取られたりすることが理解しやすいように，最初は保育士がしっぽをつけて逃げるネズミ役になり，子ども達はしっぽを取りに行くネコ役になりました。走ることが大好きなかいくんは，「がんばるぞー」と張り切っていましたので，1番前で集中して話を聞くことができるように配慮しました。

　担任は，走るのが早いかいくんがしっぽを1人でたくさん取ってしまうことを予測し，「しっぽは1つ取る，取ったらネコの家に帰る」という約束をイラストに描いて貼りました。決まった時間内に家へしっぽを持って帰っているネコが勝ちであるということも伝えました。

　保育士は，イラストに注目していることを確認してから，約束を伝えて子ども達に復唱させました。

　約束は，短い上に最後が「ねこのいえ」というフレーズの繰り返しになっているので，言葉が覚えにくいかいくんも何回か唱えると言えるようになりました。

　ゲームを始める前に，クラスを2チーム7〜8人に分けました。保育士のしっぽを取りに子ども達が集中しても子ども同士がぶつからないようにするためです。また，子どもたちがしっぽを取りやすいように，保育士の背中や腕，腰といろいろな場所に養生テープでしっぽを貼りつけました。Aチームがネコ役で追いかけている間，順番を待っているBチームはポンポンを振ってAチームを応援します。

　Aチームのかいくんは，ネコ役の先生を必死に追いかけてしっぽを取りました。かいくんは「とれた，とれた！」と大喜びで，しっぽをもう1つ取ろうとします。ネコ役の先生はすかさず「しっぽを取ったら？」とかいくんの肩を叩いて伝えました。しかし最初のうちは，「ねこのいえ」とは言うものの，「もう1つ」と泣き叫ぶこともありました。

　そこで，興奮してもう1つ取りたがり，自分で戻ることが難しい時には，加配保育士が「持って帰っ

①しっぽを　ひとつ

②しっぽをとったら　ねこのいえ

③ぴーっとなるまで　ねこのいえ

たら勝ちだよ」と、「Ⅰつしっぽを持って万歳をしている絵カード」を見せ、「よーいドン」と一緒に走って戻るようにしました。ネコの家まで戻ったかいくんにはすかさず、「しっぽⅠつ取って帰ってきたね」「勝ったね！」と、十分褒めました。ネコの家に戻った子ども達は、「がんばれ、がんばれ」とⅠつのしっぽをかざしながら両足ジャンプで、まだしっぽが取れていない友達を応援します。待っている間もじっとしなくてよいことは、かいくんにはよい待ち方になり、Ⅰ人で別の場所に逃げてしまうことはなくなりました。

こうして、何度も遊びを繰り返すうちに、しっぽをⅠつ取ってネコの家に帰ることが勝ちにつながることが理解できるようになり、泣き叫ぶのではなく、「くやしかった」「もうⅠ回」など、気持ちを言葉で伝えられることが増えました。

保育士が身体のあちこちにしっぽをつける時、「せなか」「て」「おしり」と身体の部位を言いながらつけるので、かいくんは身体の部位の名前にも意識が向くようになりました。背の高いかいくんは、保育士が帽子のところにつけた高い位置のしっぽもジャンプして取ることができ、大得意でした。「ぼうしのあたまのしっぽ」と言うかいくんの言葉に、「助詞の『の』を使うことができている」と保育士は感動しました。

普段の子ども同士の鬼ごっこ遊びにも変化が見られるようになりました。「追いかける」「つかまえる」という言葉の意味が理解できるようになったかいくんは、「追いかける」と友達めがけて走るようになったのです。

(7) 評価

3学期になっても、時々思う通りにならず泣いてしまうこともあるかいくんですが、クールダウンの場所に自分から行き、時間はかかるものの気持ちを切り替えて出てくるようになりました。4月の頃は、かいくんが泣き始めると怖がって友達が周囲からいなくなってしまうこともしばしばありました。

しかし今では、かいくんはクールダウンの場所に行き落ち着いて出てくるということが友達もわかっているので、待って一緒に遊ぶようになりました。

4歳児への進級後の対応について、昨年度同様、新旧の担任同士が話し合い、指示は短くすること、説明の言葉に絵をつけること、クールダウンの場所を作ること、話を聞く時も身体が動くことをよしとすること、よい行動が見られたらすぐに褒めることなどの対応を引き継いでいくことを確認しました。

4 難しい言葉は知っているのに 気持ちは伝えられないおとくん
（認定こども園・３歳児）

(1) 概要

　おとくんは，保育園が今の認定こども園になったばかりの１歳児から入園した子どもです。兄も通園していたので，入園後の異年齢交流の時間には兄や兄の友達の膝に乗せてもらったり積木遊びを一緒にしてもらったりして遊んでいました。話し始めも早く，すぐに大人びた口調で話すのも兄の影響と考えられていました。

　おとくんは３歳児クラスになり，兄は卒園しました。クラスの子ども達は友達とのおしゃべりが一段と楽しい頃になりました。しかし，おとくんは，ブロックを回して「四角です。こっちから見たらひし形です。」と独り言を言いながら面白がっています。また，トイレでも，便器の洗浄ボタンに映る自分に気づき，「ぼくが映っています。トイレの電気も反射しています」と悦に入っている様子でした。おとくんは，ダンスが大好きで兄と一緒に覚えたブレイクダンスを楽しそうに披露します。友達も真似をして踊り始めるのですが，それには反応しません。

　プール遊びが始まり，着替えの時間になると「めんどうくさい」と言い，なかなか着替えず服を振り回したり，ごろごろと裸で寝転がったりするので，先生は着替えを手伝うようにしました。準備体操が始まっても，おとくんは部屋の隅に行き座っています。ダンスが好きなおとくんですので，先生が「みんなと体操しないの？」と聞くと，また「めんどうくさい」と言います。いったんプールに入ると，自分から水に飛び込み誰よりも楽しそうに遊んでいます。

　担任の先生は，３歳児と思えないくらいしっかりしていて，難しい言葉もよく知っているおとくんが友達と関わろうとしないこと，何事も「めんどうくさい」で片づけてしまう姿が気になりました。

(2) 気づきシート

　今年度着任したばかりの担任の先生は，７月の職員会議でおとくんについて相談すると，園長から次のような「気づきシート」を書いてみることをすすめられました。また，その時に，昨年度の担任の先生に話を聞いたり，月末にある個別懇談の時に保護者に家での様子をもう少し詳しく聞いてみたりするようにと，アドバイスを受けました。

気づきシート　3歳児（たけのこ）組　名前（おとくん）　　　　　　記録日　202X年7月

項目	気になる行動	保育者の対応	記録者
運動（粗大・微細）	偏食があり，給食ではご飯と肉しか食べなかった。	無理させることなく，食べられるだけで終えていた。	2歳児担任A
社会性（人間関係）	泣いている子どもがいると，耳ふさぎをするか，叩きに行った。	「ママと離れるのが寂しいんだよ」と泣いている理由を説明していた。	2歳児担任B
遊び（表現）	初めて行く公園の散歩は嫌がった。	他のクラスと一緒にお留守番をさせていた。	2歳児担任C

　このような行動が，2歳児クラスの時にも，見られていたことがわかりました。

　そして，個別懇談会の時には，時間を十分にとって母親に話を聞くことにしました。母親からは，偏食のこと，兄はすごく弟を可愛がっており，兄のすることはよく真似しているのに，兄がテストで100点が取れず悔しがって泣いている時に，耳をふさぎ知らん顔だったこと，親戚の家に家族で行く時は，「いつ帰る？」「誰がいる？」としつこく聞き，納得がいかない時は，「お留守番」と言って同居している祖母と家に居ようとすることなど，堰を切ったようにいろいろなエピソードが出てきました。園長にも途中から同席してもらい，「不思議に思う行動がよくあります」という母親に，「一度専門的な機関で相談もいいかもしれませんね」とすすめました。「3歳児健診では大丈夫と言われたんです」と言う母親に，園長は児童相談所の発達相談をすすめました。相談に行った後，発達検査を受けることになりました。

(3) 園内支援会議

　児童相談所の区担当のケースワーカーが巡回相談で園に来てくれました。担任だけではなく，園長，主任，同じ学年の先生達も一緒にケースワーカーから説明を受けました。

● 言語・社会性の弱さ

　児童相談所で実施した新版K式発達検査の結果は，意外なものでした。生活年齢と比較して発達年齢は6か月の遅れがあり，特に言語・社会性の弱さがみられたというのです。見本を見てするパズルや積木は6歳レベルまでできたものの，質問に対して「こちらは○cmくらい，こちらは○cm」のような的外れな回答をしたり，「こんな時どうするか」と聞かれているのに「僕はお腹が空いていません」のように今の自分の状態を淡々と伝えるという具合でした。

　このことから，おとくんは状況に合わせた言葉を使えず，「めんどうくさい」と言ってしまったり，友達と一緒に遊べなかったりするのだということがわかりました。

　感覚の過敏さも持ち，見通しが持てないことには不安になるという自閉スペクトラム症の特性も持っていると，保護者にも伝えられたということでした。結果説明の時には，両親で聞きに来られ，「不思議の意味がわかりました」と納得されていたそうです。

⑷ アセスメントシート　おとくん

＊できている項目はチェック欄を 青 で塗りつぶす。短期目標の評価時にできた部分は， 黄 赤 等に順に塗りつぶす。

年齢時期		①基本的生活習慣	チェック	②運動（粗大・微細）	チェック	③社会性（人間関係）	チェック	④言葉（コミュニケーション）	チェック	⑤遊び（表現）	チェック
0歳	乳児期後期	睡眠のパターンが決まる		物をつまむ，乗せる，入れる，相手に渡せる		いないいないばあを喜ぶ		指差されたものを見る		親指と人差し指で小さい物をつまむ	
		手づかみで食べる		1人立ち，つたい歩きする		後追いや人見知りがみられる		大人の言うことや動作を真似ようとする		積木を持ち替えたり，打ち鳴らせる	
1歳	乳幼児期後期	自分でズボンを脱ごうとする		1人で4歩以上歩く		場所見知りする		意味のある言葉を言う		積木を3〜5個積める	
		コップから飲む		滑り台で身体の方向を変えて足から滑る		「ダメ」で手を止める		「パパにどうぞして」など簡単な指示がわかる		なぐり書き（持ち方⇒わしづかみ）	
		スプーンを使い，自分で食べようとする		階段を1段1歩で上がる		同じ年ごろの子どもに寄って行く		目，耳，口など体の部分の名称が2つ以上わかる		ままごとのような再現遊びをする	
2歳	乳幼児期後期	大きなボタンがはめられる		鉄棒にぶら下がれる		他人の表情（笑う・泣く・怒る）を理解する		「パパ，かいしゃ」など2語文で話す		○△□のような型はめや紐通しができる	
		排尿を知らせる		横歩き，後ろ歩き，つま先立ちができる		「自分で」と大人の指示に反抗することがある		赤，青，黄などの色がわかる		真似て，円や十字が描ける	
		スプーンを鉛筆持ちで握るようになる		階段を1段1歩で降りる		子ども同士で追いかけっこをする		日常の簡単な挨拶をする		はさみで1回切りができる	
3歳	幼児期前期	ジッパーの開閉ができる		両足ジャンプができる		ブランコなどの順番を待てる		3つまでの数がわかる		簡単な童謡を1人で歌う	
		オムツがとれる		片足で5秒くらい立てる		テレビの主人公の真似をする		色の名前が5色以上言える		人の絵で顔だけでなく手足が出始める	
		スプーンやフォークが使える		ボールを1回ついて取る		「だるまさんがころんだ」のような簡単なルールを意識して遊ぶ		「ぼく・わたし」の1人称が使えるようになる		はさみで連続切りができる	
4歳	幼児期中期	靴の左右，服の前後がわかり，1人で着替える		片足ケンケンができる		小さい子の世話ができる		絵本の文章を暗記できる		じゃんけんの勝ち負けがわかる	
		自分で尿意を感じて，トイレに行く		鉄棒で前回りができる		勝敗を意識し，負けると悔しがる		「だって，〜だから」と理由が言える		描いた絵を説明する	
		フォークと箸を使い分け，こぼさないで食べる		ボールを利き手側で上手投げしたり蹴ったりする		グループで，ごっこ遊びをする		姓名・年齢を正しく言える		はさみで丸を切れる	
5歳	幼児期後期	外出後の手洗いうがい，食後の歯磨きが習慣化する		歌に合わせて簡単なダンスが踊れる		他者の立場や気持ちに配慮できる		子ども同士の会話が理解できる		習った歌を覚えて歌える	
		排尿便の始末が援助なしでできる		ボールを蹴ったり投げたりすることを楽しむ		当番活動などの仕事に取り組める		なぞなぞやしりとりができる		手本を見て，四角，三角が描ける	
		食事のマナーがわかり，食事の時間を意識して食べ切る		スキップができる		じゃんけんを使って順番を決める		昨日の話ができる		積木やブロックを組み合わせて形を作る	
6歳	就学前期	遊びや製作が終わったら後片づけをする		友達と手押し車ができる		社会的なルールやマナーを理解できる		ひらがなや数字が読め，書ける字もある		楽器の分担奏ができる	
		病気の予防，清潔習慣の大切さがわかる		縄跳びの前まわし跳びができる		他者の立場や気持ちを考えて，行動できる		かるたやババ抜きなどのカードゲームができる		地面を意識した説明画が描ける	
		食事の時間にするべきことが1人でできる		竹馬，鉄棒の逆上がりなどに挑戦する		約束を守ろうとする		曜日・季節の名前が言える		コマ回しや折り紙に挑戦する	

（おとくん）のジェノグラムとエコマップ

＊家族それぞれの関係機関を確認：変更がある場合は，変更時の日付を入れる。

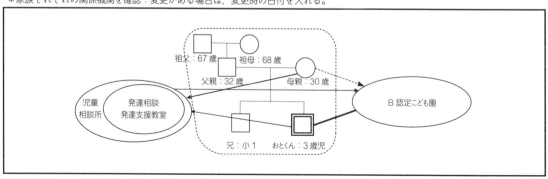

(5) 個別の保育・指導計画 (202X年7月末作成)

名前　おとくん（男）	年齢　3歳6か月	所属　市立B認定こども園　3歳児　たけのこ組	（担任　D　）

入園までの情報	関係機関（保健・医療・福祉）の情報
・人見知りせず，誰にでも愛想よく接していた。 ・音楽が好きで，よく身体を揺らしていた。	・児童相談所の発達相談で，自閉スペクトラム症の診断を受ける（202X年7月）。

クラスの様子
・在籍人数20人，担任1名。
・園の規模は，中規模。3歳児から上の学年は2クラスずつある。
　（こども園の隣に小学校があり，兄が通っている。）

本児の課題	考えられる要因
・自分の気持ちを言葉で伝えることができない。 ・状況に応じた行動をとることが難しい。 ・新しい場所や物事に対して慎重である。	・自分や相手の気持ちを考えること，共感することが難しい。 ・次を予測することが苦手。

長期目標
①気持ちを伝える言葉を使うことができる。
②新しい場所や活動に見通しを持ち，集団活動に参加できる。

短期目標（期間　8／1　～　8／31 ）
①プール遊びで使うおばけ作りを通して，表情や気持ちを言葉で表現できる。

具体的な指導

〈クラスの環境構成と全体の支援〉	〈個別の支援〉（合理的配慮）
○「プールでおばけをやっつけろ！」の遊びをする。 　・好きなおばけの絵を描く，おばけのイラストを貼る。 　・それぞれのおばけを細長い和紙の先に糊づけして，的を作る。 　・おばけについて絵本や図鑑を見て，いろいろなおばけを調べる。 　・プールに向かう時には，水鉄砲を部屋から持っていく。 ※必要な用具，絵本・図鑑をコーナーに準備する。 ※自分で考えたことを発表する時間を用意する。 ※おばけ作成コーナーにおばけのイラスト見本を貼る。	・本児が得意な，見本と同じように再現する力が発揮できるよう，作りたいおばけのイラストやパーツを用意しておく。 ・絵を描く時には，どのような特徴のあるおばけかを言葉で表現して友達にアピールする機会を持つ。 ・おばけの表情や，こわがる友達の気持ちを表現する言葉に注目させる。

短期目標の結果・評価（3段階）　具体的な子どもの姿			保護者の評価
生活習慣	1・②・3	プール遊びの着替えは手早くできた。	・おばけを家でも作り，庭で遊び，兄と戦って大喜びしていた。 ・お風呂前の着替えは，まだ自分からはやろうとせず「めんどうくさい」と言っていた。
運動	1・2・3		
人間関係	1・2・③	「○○君このおばけこわいの？」と聞く姿が見られた。	
言葉	1・2・③	友達に自分のおばけのアピールポイントを話した。	
遊び（表現）	1・2・③	水鉄砲で友達と一緒におばけを打ち落とそうとした。	

短期目標の保育の振り返り・今後の見通し・引継ぎ事項
・自分でおばけを考えて描くことには抵抗があるが，見本のおばけがあることで，描いたりパーツを組み合わせて貼ったりすることに楽しんで取り組んだ。
・「首が長すぎ」「暗いとこわい」「舌でなめられたら気持ち悪い」「○○くんは1つ目が苦手」など，おばけと関連のある言葉を使えるようになった。
・「プールでおばけをやっつけろ」の遊びのために作っていることが手順表からわかり，プールに行って遊ぶことを伝えると自分から着替えに行き，「早くやろうよ」「めっちゃ，楽しみ」と気持ちを伝えられていた。
・子ども同士での会話や遊びには，まだ保育者の状況説明が必要。本児の言葉を周囲の子どもに説明することで，本児のことを好きな子どもが出てきた。

⑹ 指導目標・指導内容と指導の経過

❶ 指導目標の設定

　４歳児に進級するまでの指導目標を，「気持ちを伝える言葉を使うことと，新しい場所や活動に見通しを持ち，集団活動に参加できること」にしました。

　指導の手立てでは，見本があると見通しが持て，自信を持って取り組めるという長所を活用することにしました。例えば，初めて水着に着替える前には，脱いだ衣服の片づけ方をする時系列で掲示するようにしました。説明する時には「左右の袖を合わせる」などと熟語を意識して興味が持ちやすいように工夫することを話し合いました。また，気持ちを表す言葉と表情が結びつくよう丁寧に説明したり，おとくんの使う難しい言葉は先生が仲介して友達にわかる言葉に直して伝えたりして，友達とのコミュニケーションを手助けするようにしました。短期目標は，園の月案作成に合わせ，月ごとに評価し，次の短期目標を考えることにしました。

❷ 指導内容と指導経過

　プール遊びに，おばけをやっつける水鉄砲遊びを取り入れることにしました。足元に水の抵抗があり不安定な中で，上につってあるおばけをねらうことは，子ども達にとって「ちょっと難しいけどやってみたい！」という活動でもありました。ちょうどテレビで，ハンターが水鉄砲で出てくるおばけを打ち落とす番組をしていたので，それを録画し，「こんな遊びをするよ」とまず子ども達に見せました。おとくんも好きなテレビの番組だったので，興味を持って画面を見ていました。「みんなでおばけを作って，水鉄砲でやっつけるぞ」と言うと，子ども達から歓声が上がりました。珍しくおとくんも「おーっ」と乗り気になりました。

　まずは，おばけの制作です。おばけの形を描くことに抵抗がある子ども達のために，おばけの形や目や舌などのパーツを切っておき，それを貼るだけでもよいことにしました。また，自分で描きたい子ども達のために，おばけのイラストを拡大コピーしておき，部屋に貼りました。おとくんは，説明が始まった時には不安そうに部屋の隅に行き座っていましたが，パーツや見本があることがわかると少しずつみんなのところに近づいてきて説明を聞きました。

　おとくんは，部屋に貼ってあるおばけの見本を見ながら大きく円を描き，目や舌をつけていきました。できあがったおばけを友達に見せ，「このおばけ，舌が３つあるんだよ。めっちゃ不気味なんだよ〜」と説明して嬉しそうです。周りの子ども達はおとくんの言った「不気味」がわからずきょとんとしていたので，先生が，「ほんとだね。不気味でちょっと気持ち悪くて怖そうだね」と言うと，他の子どもも「ほんとだ，気持ち悪い」「怖そう〜」と言い，のぞき込みにきました。おとくんは自分のおばけを「不気味」と見せ回って得意顔です。

　最後に，作ったおばけをプールの上につるして水鉄砲でやっつけるという活動をすると聞き，「濡れちゃう」と言った子どもがいました。「濡れたら，せっかく作ったおばけ使えなくなる」

と言う友達の言葉の意味が，おとくんにはわかりません。「１回で使えなくなったら，悲しいってことだよね」と先生が説明すると，おとくんは「悲しい」とつぶやきました。そこで先生が，「おばけはビニール袋に入れるから濡れないよ。大丈夫だよ。」と説明すると，子ども達も安心し，おとくんも，「大丈夫」とほっとした表情になりました。「濡れる→破れる→悲しい」と一連の流れと気持ちがつながったようで，先生はうれしく思いました。

いよいよプールに持っていき，おばけをやっつけることになりました。おとくんもすぐに自分の着替えを取りに行き着替え始めました。その後もみんなと一緒にスムーズにプールへ移動することができ，おばけをやっつけて楽しむことができました。

秋の遠足では，道順を写真に撮ったものを，みんなでクイズをしながら時系列に並べて遠足のしおりを作りました。家で遠足の用意をしている時には，いつも「めんどうくさい」と言うおとくんですが，今回はしおり作りを経験したことで見通しがつき，自信を持って参加できました。おとくんは，「次で左の電車に乗り換えです」と車掌さんのように説明していました。

10月から通い始めた発達支援室では，週１回60分の時間に，「お話作りゲーム」という絵カードを並べてストーリーを作る遊びや，表情カードを使って気持ちを言葉で表す遊びなどに取り組んでいるそうです。また，園にも加配の先生が増え，おとくんにつきそって，自分の気持ちをうまく言い出せずにいる時には，タイミングよく表情カードを使って気持ちを表現する支援をしてくれるようになりました。３学期には「めんどうくさい」と寝転がってしまうこともなくなり，「○○がうまくできないからやりたくない」と，自分の気持ちを言葉で伝えられるようになり，参加できる集団活動が増えました。

(7) 評価

３月，卒園生とフォークダンスをすることになりました。クラス活動では何度か経験もあり，フォークダンスの踊りは覚えていますが，初めての友達と手をつなぎ動きを合わせられるかが問題でした。始まるまで，おとくんは手をつなぐ卒園生の顔を自席で加配の先生と一緒に確認しました。そして，無事に卒園生とフォークダンスをすることができました。年度末の園内支援会議には，発達支援教室の先生からの報告を基にして，年中組への引継ぎ事項を話し合いました。今年度

同様，写真などを活用して時系列で見通しを持ちやすくすることや，おとくんの言葉を仲介して友達に伝えること，また状況を具体的に言葉で説明することに加えて，ビデオに撮って自分の姿を俯瞰して見ることができる機会を持つことになりました。

5 じっと座れず，力加減のできないりゅうくん
（市立幼稚園・4歳児）

（1）概要

　りゅうくんは，3年保育の幼稚園の年中組です。入園したばかりの3歳児クラスでは，1人で広い園内を走り回っている姿が多く見られました。「走ることが好きな元気者のりゅうくん」と園の先生方は全員りゅうくんのことを覚えていました。

　年中組になり，先生が入室時，「ロッカーに帽子を片づけてから遊んでね」とクラス全員に声をかけました。しかし，りゅうくんは帽子をかぶったまま，ブロックをしている友達や，絵本を読んでいる友達のところをうろうろしています。先生が，「りゅうくん，帽子片づけようね」と名前を呼んで言うと，ようやく気づいて帽子を投げ入れました。

　ある日，クラスのドッジボール遊びで，先生がルールを説明している間，りゅうくんは飛んできた鳥をながめています。ドッジボールが始まると，「りゅうくん一緒？」と友達に自分のチームを確認しています。ボール遊びが大好きなりゅうくんは，ゲームに張り切って参加します。でも，近くの友達に力一杯ボールをぶつけ「やった」と喜んでいます。当てられた友達は，「りゅうくん，強すぎ，痛いよ」と泣き出してしまいました。りゅうくんは，「え？　そんなに強く投げてない」と平然としています。家でも姉と「言った」「知らない」の喧嘩が絶えず，姉を力一杯に叩いてしまい，「そんなの痛くないでしょ」と言うので，今回のドッチボール事件のことを担任が報告すると，「園でもそうでしたか」と母親がとても心配そうでした。

（2）気づきシート

　気になった担任は，園で使っている「気づきシート」にりゅうくんの気になることを書き出してみようと園の先生方にりゅうくんの様子を聞いて回りました。

気づきシート　4歳児（もも）組　名前（りゅうくん）　　　　　　　　記録日　202X年4月

項目	気になる行動	保育者の対応	記録者
基本的生活習慣	着席できず絶えず動き回っていた。	席を一番端にして動いてもよいことにしていた。	年少担任
社会性（人間関係）	友達の名前が覚えられなかった。	写真で名前当てクイズを作り覚えていった。	年少補助
遊び（表現）	水風船を持つとすぐに握って割ってしまった。	使っていい個数を決めて渡していた。	預かり保育担当

このように，他の職員からもりゅうくんの落ち着きのなさ，力の調節の難しさが報告されました。担任は，アセスメントシートを記入してみたことで，りゅうくんの今の様子は把握できましたが，なぜそうなのか，どう対応してよいかがわかりませんでした。ちょうど姉の通う隣の小学校には，通級指導教室がありました。幼・小連携で，通級指導教室に巡回にくる作業療法士の話を聞く研修会に参加したことがあった先生は，りゅうくんを紹介してみることにしました。母親は，姉が通う小学校だったので敷居が低く感じられ，すぐに通級指導教室に相談を申し込まれました。りゅうくんもそこでいろいろな検査を受けました。

(3) 園内支援会議

　5月に相談と検査をした通級指導教室の担当者を交え，園内支援会議で話し合いをしました。そこで，りゅうくんの行動の要因が明らかになりました。

❶ 注意の弱さ，聴覚的ワーキングメモリーの弱さ，不器用さがある

　りゅうくんの検査時の行動観察から，園での様子同様，落ち着きがない様子があったようです。また，他に気を取られ，話をしている人だけに注意を向ける選択的注意の弱さと，話の最初は聞けても後半を聞きもらすという聴覚的ワーキングメモリーの弱さがありました。その他道具を使う検査で，理解していても正しく積み上げられない，力の入れすぎで鉛筆の芯が折れてしまうと，不器用さもあるようでした。このようなことが原因となり，現在の集団生活での難しさにつながっていると考えられました。反対に，検査をして，りゅうくんは「同時処理能力（複数の情報が一度に入ってきた時に一度に処理する力）」が得意ということもわかりました。最初に「これで全部」と全体を把握させて終わりが見えるようにすると集中が続きやすいというような指導の工夫の仕方も助言してもらいました。

❷ 支援の方針

　以上のことから，年中組での指導目標を，「1日の流れに添って身の回りのことを自分で処理することと，いろいろな身体の動きを体験すること」としました。指導の手立てでは，得意な「視覚的な手がかり」を使うこと，全体像を示してから細かい段階を確認する教え方をすることを大切にするようにしました。自分の好きなことしかしていなかったため，身体の動かし方にも偏りがあり，それが不器用さの要因の1つでもあると考え，りゅうくんが扱いやすい用具を使わせること，いろいろな動きのあるリズム遊びを取り入れ，力の調節の練習をすることにしました。また，2学期からは通級指導教室に月2回通級し，ボードゲームや間違い探しなどの遊びを通した注意集中のトレーニングも始まりました。

　短期目標は，学期ごとに評価し，次の短期目標を考えることにしました。

(4) アセスメントシート　りゅうくん

*できている項目はチェック欄を 青 で塗りつぶす。短期目標の評価時にできた部分は， 黄 赤 等 に順に塗りつぶす。

年齢・時期	①基本的生活習慣	チェック	②運動（粗大・微細）	チェック	③社会性（人間関係）	チェック	④言葉（コミュニケーション）	チェック	⑤遊び（表現）	チェック
0歳／乳児期後期	睡眠のパターンが決まる		物をつまむ、乗せる、入れる、相手に渡せる		いないいないばあを喜ぶ		指差されたものを見る		親指と人差し指で小さい物をつまむ	
	手づかみで食べる		1人立ち、つたい歩きをする		後追いや人見知りがみられる		大人の言うことや動作を真似ようとする		積木を持ち替えたり、打ち鳴らせる	
1歳／乳幼児期後期	自分でズボンを脱ごうとする		1人で4歩以上歩く		場所見知りする		意味のある言葉を言う		積木を3〜5個積める	
	コップから飲む		滑り台で身体の方向を変えて足から滑る		「ダメ」で手を止める		「パパにどうぞして」など簡単な指示がわかる		なぐり書き（持ち方⇒わしづかみ）	
	スプーンを使い、自分で食べようとする		階段を1段1歩で上がる		同じ年ごろの子どもに寄って行く		目、耳、口など体の部分の名称が2つ以上わかる		ままごとのような再現遊びをする	
2歳／乳幼児期後期	大きなボタンがはめられる		鉄棒にぶら下がれる		他人の表情（笑う・泣く・怒る）を理解する		「パパ、かいしゃ」など2語文で話す		○△□のような型はめや紐通しができる	
	排尿を知らせる		横歩き、後ろ歩き、つま先立ちができる		「自分で」と大人の指示に反抗することがある		赤、青、黄などの色がわかる		真似て、円や十字が描ける	
	スプーンを鉛筆持ちで握るようになる		階段を1段1歩で降りる		子ども同士で追いかけっこをする		日常の簡単な挨拶をする		はさみで1回切りができる	
3歳／幼児期前期	ジッパーの開閉ができる		両足ジャンプができる		ブランコなどの順番を待てる		3つまでの数がわかる		簡単な童謡を1人で歌う	
	オムツがとれる		片足で5秒くらい立てる		テレビの主人公の真似をする		色の名前が5色以上言える		人の絵で顔だけでなく手足が出始める	
	スプーンやフォークが使える		ボールを1回ついて取る		「だるまさんがころんだ」のような簡単なルールを意識して遊ぶ		「ぼく・わたし」の1人称が使えるようになる		はさみで連続切りができる	
4歳／幼児期中期	靴の左右、服の前後がわかり、1人で着替える		片足ケンケンができる		小さい子の世話ができる		絵本の文章を暗記できる		じゃんけんの勝ち負けがわかる	
	自分で尿意を感じて、トイレに行く		鉄棒で前回りができる		勝敗を意識し、負けると悔しがる		「だって、〜だから」と理由が言える		描いた絵を説明する	
	フォークと箸を使い分け、こぼさないで食べる		ボールを利き手側で上手投げしたり蹴ったりする		グループで、ごっこ遊びをする		姓名・年齢を正しく言える		はさみで丸を切れる	
5歳／幼児期後期	外出後の手洗いうがい、食後の歯磨きが習慣化する		歌に合わせて簡単なダンスが踊れる		他者の立場や気持ちに配慮できる		子ども同士の会話が理解できる		習った歌を覚えて歌える	
	排尿便の始末が援助なしでできる		ボールを蹴ったり投げたりすることを楽しむ		当番活動などの仕事に取り組める		なぞなぞやしりとりができる		手本を見て、四角、三角が描ける	
	食事のマナーがわかり、食事の時間を意識して食べ切る		スキップができる		じゃんけんを使って順番を決める		昨日の話ができる		積木やブロックを組み合わせて形を作る	
6歳／就学前期	遊びや製作が終わったら後片づけをする		友達と手押し車ができる		社会的なルールやマナーを理解できる		ひらがなや数字が読め、書ける字もある		楽器の分担奏ができる	
	病気の予防、清潔習慣の大切さがわかる		縄跳びの前まわし跳びができる		他者の立場や気持ちを考えて、行動できる		かるたやババ抜きなどのカードゲームができる		地面を意識した説明画が描ける	
	食事の時間にするべきことが1人でできる		竹馬、鉄棒の逆上がりなどに挑戦する		約束を守ろうとする		曜日・季節の名前が言える		コマ回しや折り紙に挑戦する	

（りゅうくん）のジェノグラムとエコマップ

*家族それぞれの関係機関を確認：変更がある場合は，変更時の日付を入れる。

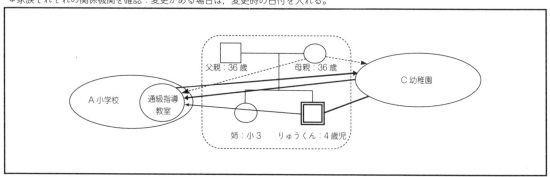

A 小学校　通級指導教室　父親：36歳　母親：36歳　C 幼稚園　姉：小3　りゅうくん：4歳児

(5) 個別の保育・指導計画（202X 年 5 月作成）

名前　りゅうくん（男）	年齢　4歳7か月	所属　市立C幼稚園　4歳児　もも組	（担任　Y　）

入園までの情報	関係機関（保健・医療・福祉）の情報
・初歩は11か月。2歳頃は道路に飛び出し，迷子になることがあった。 ・よく気がつき，落とし物をしょっちゅう拾ってきていた。	・3歳児健診で落ち着きのなさを指摘された。

クラスの様子
・在籍人数30人，配慮を必要とする幼児が1人いるため，午前中のみ加配の保育士がクラスに入る。
・3年保育，各学年1クラス，持ち上がり。
※幼稚園から10分程の距離に，A小学校があり，A小学校には，幼児から通える通級指導教室がある。

本児の課題	考えられる要因
・落ち着いて座ることができず，人の話を聞き逃す。 ・聞いていてもすぐに忘れてしまう。 ・力の調節がうまくできず，物の扱いが難しい。	・注意集中の難しさ，聴覚的な記憶の困難がある。 ・不器用さがあるのではないか。 ※通級指導教室での検査結果より 　同時処理能力が，継次処理能力より強い。

長期目標
①1日の流れに添って身の回りのことを自分で処理することができる。
②いろいろな体の動きを体験する。

短期目標（期間　6／1 ～ 7／20 【 1 】学期）
②忍者サーキット遊びで，いろいろな姿勢になる動きができる。

具体的な指導

〈クラスの環境構成と全体の支援〉	〈個別の支援〉（合理的配慮）
○「忍者になって遊ぼう」のサーキット遊びをする。 　・忍者の体操をして，いろんな動きを知る。 　・好きな障害物のエリアを決め，道具を園庭にならべる。 　・やってみたい忍者の術を決め，名前を考えてつける。 　・忍者の動きや生活について調べる。 　・忍術を使う時のルールを決める。 ※必要な用具，絵本，CD，DVDをコーナーに準備する。 ※自分で考えたことを発表する時間を用意する。 ※力を抜く動作ができる場所を考えて用意しておく。	・忍者遊びに使う遊戯室の全体マップを用意する。 ・遊びに出てくる，いろんな忍術の動きをイラストにしてマップに貼れるよう用意しておく。 ・忍者と障害物で使う道具を比較して，障害物をイメージできるようにする。 ・遊びのルールが思い出せるように，イラストに描いて掲示しておく。 ・サーキットの順番がわかるよう，地面に矢印をつけ，流れを一緒に動いて確認する。

短期目標の結果・評価（3段階）　具体的な子どもの姿			保護者の評価
生活習慣	1・②・3	片づけの写真を見ると気がついて片づけた。	・忍者になると静かに歩くことができるようになった。 ・園の用意が自分でできるように，「カバンに入れるものを写真に撮ろう」と一緒に撮影して楽しんでいる。
運動	1・②・3	力を抜く動作の箇所は，まだ力を十分に抜けなかった。	
人間関係	1・2・③	順番を守って，サーキット遊びをした。	
言葉	1・2・③	「また破れた」とうまくいかないことを伝えた。	
遊び（表現）	1・2・③	忍者になりきって，術を次々に考えていた。	

短期目標の保育の振り返り・今後の見通し・引継ぎ事項
・サーキットを回る順番は矢印，待つのは足形と目で見てわかると順番をとばすこともなく楽しめていた。
・サーキットに移動するまでの身支度では，必要な物を写真に撮って掲示し，できた物から「裏返しの術」とひっくり返していくことで忘れることがなくなった。
・力を抜いて四つ這いで新聞紙の上を歩くことはまだ難しいので，紙の厚さを調節しながら成功体験ができるよう継続して取り組める工夫をしたい。

⑹ 指導内容と指導の経過

　春の親子親睦会で保護者会有志が展示した忍者コーナーで忍者の衣装を着て写真を撮ったり手裏剣を投げたりする遊びを楽しみました。その後，子ども達から，「また，忍者ごっこしたい」という希望があり，忍者の絵本やDVDを観て忍者について関心を深めました。忍術はたくさんあるので，1つずつ絵カードにして貼っておくと，「これってどうするのかな」と子ども達は，しゃがんだり跳んだり自然に身体が動きました。

　同じ歩く術でも，「高いところ」「低いところ」「ふわふわのところ」「音がするところ」などの意見が出て，それぞれのイメージに合った用具を選び，組み合わせも考えました。

　そのうちに，絵カードを動かして，サーキットの流れも決め始めました。りゅうくんも，絵カード全部を見ながら「ジャンプするなら，ここにマット

しのびあし

しゅりけんなげ

かべがくれ

ひのじゅつ

を置いた方がいいよ」と意見を出していきます。全ての術が一目で見渡せることで，子ども同士で意見交換をしながら配置を決めることを楽しみました。全ての術に必要なものは，イラストで描いてラミネートし，自由に貼ったりはがしたりできるようにしておいたので，動かしながら考えることができました。

　サーキットの流れが決まると，身体を動かすことが大好きなりゅうくんは，忍者になって高いところから飛び降りたり，平均台を素早く渡ったりするので，友達から「本当の忍者みたいだね」と褒められました。しかし，「四つ這いで新聞紙の上を歩く術」は苦手で，りゅうくんは，何度も新聞紙を破ってしまっていました。以前だと，そこだけビューと逃げ出していたりゅうくんですが，友達に注目されているものですから，パスすることはできず，「四つ這いで新聞紙の上を歩く術」のところに来ると，いつもよりも慎重に手足を動かします。友達からも「がんばれー。ゆっくりー」という声援がとんでいます。りゅうくんは，先生から教えてもら

った「ゆっくり手足を持ち上げて，音が鳴らないようにそっと手足を下ろす」を思い出し，新聞紙を破ることなく見事に渡ってみせました。

また，「手裏剣投げの術」のところでも，手裏剣に見立てたマジックテープつきの紅白玉を力一杯に投げるよりも，ふんわり力を抜いて投げると的にくっつきやすいことに気がつきました。そして，何度も挑戦してくっつけられるようになり，大いに褒めてもらいました。

この経験は，２学期の運動会での玉入れにも役立ちました。まず，玉入れのチーム戦や勝敗については，玉入れの全体図をイラストで確認させました。玉入れでは，たくさん玉を拾って力一杯遠くまで玉を投げてもうまく入りません。玉をかごに弧を描くように投げ入れるのはなかなか難しいのですが，「忍者の手裏剣投げの術の時みたいに，ふんわり投げる」，玉入れ台に近づきすぎないよう投げる場所に線を引き，「線の外から投げる」を声かけしました。イメージや視覚的手がかりがあると，力加減や距離感をつかみやすかったようで，玉がかごに入るようになりました。

２学期になり，遊びを転々とすることは減り，１つの遊びやゲームに最後まで参加して遊べるようになりました。「この遊びはここまでやったらゴール」と遊びをひとくくりでイメージできるようになったことが大きな変化でした。

(7) 評価

３学期の短期目標は，「ドッチボール大会に参加する」でしたが，りゅうくんは１学期に取り組んだ「忍者になって遊ぼう」や２学期に取り組んだ「玉入れ」で身につけた「ねらって投げる」というスキルを使って参加しました。「友達の頭や顔には当てない」「転んだ友達がいる時はストップ」というルールはイラストで表示され，りゅうくんの頭にも入っています。

りゅうくんの「ねらって投げる」は，通級指導教室での，数字を書いた衝立に「３番ねらい」と宣言して投げる遊びでばっちりトレーニングできています。りゅうくんは，ボールを投げるだけではなく素早く逃げることも得意で，最後までチームで活躍しました。

３学期末の園内支援会議には，通級指導教室の先生からも日頃の様子について教えてもらい，年長児への引継ぎ事項を話し合いました。

ワーキングメモリーの弱さがあるので，年長児の遊びの説明も，短い指示を出すこと，最初に何をするかがわかるように示すことなどの配慮事項を確認しました。また，作業内容や用具を忘れてしまっても，自分で確認してやり直したり取りに行ったりできる自己点検・自己修正の力をつけることがりゅうくんのようなタイプの子どもには大切であると，通級指導教室の先生から教えてもらいました。そこで，忘れ物チェック表は引き続き用意し，「自分で気がついたところが偉い」と褒め，自己肯定感が低くならないように気をつけていきたいと話し合いました。

6 気になることがあると 動けなくなるさゆりちゃん
（認定こども園・４歳児）

（1）概要

　さゆりちゃんは，認定こども園の４歳児クラスになりました。１歳児クラスに入園した頃は，園に慣れずよく泣いたりしていましたが，徐々に友達と仲よく遊べるようになりました。

　３歳児クラスの時，外遊びで服が汚れたので着替えを促すと「この服がいいの」と泣いて嫌がりました。また，急に雨が降ってきた時，慌てて担任が窓を閉めていると，さゆりちゃんは部屋の奥で不安そうにうずくまっています。担任は，「大丈夫，この雨はすぐに止むよ」と言いましたが，「お部屋に水が入ってきておぼれちゃう」と泣くのでずっとそばにいました。

　４歳児クラスの当番活動は，庭の水やりです。さゆりちゃんは「お花さんのど渇いてるでしょ」と優しくじょうろで水をかけます。早く遊びたい友達が乱暴にざっと水をかけているのを見て，「そんなにお水かけたら，お花さんお腹痛くなる」とさゆりちゃんは思わず強い口調で言いました。言われた友達は，しょんぼりした顔になりました。その友達の様子を見て，さゆりちゃんは落ち込み，泣き出してしまいました。

　迎えに来た母親にそのエピソードを伝えると，母親は，家では活動の切り替えに時間がかかること，初めての場所へのお出かけを怖がることがあり，子育てに手がかかる様子を話されました。同居している母方の祖父母からは甘やかし過ぎと言われつつも，「人の気持ちにもよく気がつく優しい子なんです。祖母の病気を心配し，日頃から寄り添ってくれます」とさゆりちゃんのことを理解しようとされている母親の姿勢が伝わってきました。さらに，乳児健診の時から，母親はさゆりちゃんの育てにくさを保健師に話し，役所内の子育て相談で定期的に話を聞いてもらっていることがわかりました。３歳児健診の後には，さゆりちゃんも一度そこの発達検査も受けたことがあったそうです。「お母さん，私も保健師さんに連絡を取っていいですか？さゆりちゃんに園で楽しく過ごしてもらうためにどうすればいいか，私もアドバイスがほしいので」と担任がお願いすると，「わかりました，私から保健師さんにも連絡しておきます」と返事が返ってきました。

　早速，園長に事情を説明し，保健師さんと会って話を聞く時間を設定してもらい，主任と出かけました。

⑵ 気づきシート

　相談日の前に担任の先生は，さゆりちゃんの「気づきシート」をまとめてみました。

気づきシート　４歳児（くま）組　名前（さゆりちゃん）　　　　　　　　記録日　202X年４月

項目	気になる行動	保育者の対応	記録者
基本的生活習慣	四角い形のホットケーキがおやつに出たが，「ホットケーキではない」と食べなかった。	調理方法について道具を見せ，四角になる理由を知らせ，中身の材料は同じだと説明した。	栄養士
遊び（表現）	制作の時，糊づけや粘土遊びで手が汚れることをとても嫌がった。	筆を使って糊づけをした。型抜きを使って粘土遊びに参加していた。	３歳児前担任
言葉（コミュニケーション）	春の交流会で他の園が来た時，立ち尽くし，表情がこわばり，歓迎の歌が歌えなくなった。	無理しなくていいことを伝え，一緒に手をつないで遊びの様子を見たり，後半は手を離して１人で歌えるようにしたりした。	４歳児クラス補助

⑶ 園内支援会議

　５月に保健所で保健師の話を聞いたことを園内支援会議で報告し，今後の園での対応を話し合いました。さゆりちゃんの困っていることの背景にある問題についても明らかになりました。

❶ 緊張や予期不安が強い

　保健所の検査では発達面の遅れはありませんでした。むしろ，言語面は年齢以上に高く，社会性も良好だそうです。しかし，さゆりちゃんは，未知の事柄に対して他の子どもより緊張や強い不安を感じやすい子どもであることがわかりました。そのため，周りからの刺激に過敏で，新しい経験を負担に感じストレスとして取り込んでしまい疲れやすいこと，慎重すぎることで切り替えが難しいということでした。

　園では，さまざまな行事があり，非日常的な経験をすることも少なくありません。子どもは，初めての出来事に興味関心を持ち，挑戦する経験を積み重ねることで楽しさや達成感を味わい自信を持ちます。新しい活動に期待してポジティブに取り組んでいくのですが，さゆりちゃんは，このような園での体験を「失敗したらどうしよう」と不安と緊張で楽しめないのではないかと考えられました。

　保健師は，母親の話にじっくり耳を傾け「不安を感じやすいお子さんなので，無理強いせず安心させてあげてくださいね」とアドバイスをしていました。

❷ 支援の方針

　以上の結果を踏まえて，年長児進級までの指導目標を，「活動の内容を理解し，新しい集団活動に参加できることと，自分で周囲へのヘルプを求めることができること」としました。

(4) アセスメントシート　さゆりちゃん

＊できている項目はチェック欄を 青 で塗りつぶす。短期目標の評価時にできた部分は、 黄 赤 等 に順に塗りつぶす。

年齢 時期	①基本的生活習慣	チェック	②運動（粗大・微細）	チェック	③社会性（人間関係）	チェック	④言葉 （コミュニケーション）	チェック	⑤遊び（表現）	チェック
0歳 乳児期後期	睡眠のパターンが決まる		物をつまむ、乗せる、入れる、相手に渡す		いないいないばあを喜ぶ		指差されたものを見る		親指と人差し指で小さい物をつまむ	
	手づかみで食べる		1人立ち、つたい歩きをする		後追いや人見知りがみられる		大人の言うことや動作を真似ようとする		積木を持ち替えたり、打ち鳴らせる	
1歳 乳幼児期後期	自分でズボンを脱ごうとする		1人で4歩以上歩く		場所見知りする		意味のある言葉を言う		積木を3～5個積める	
	コップから飲む		滑り台で身体の方向を変えて足から滑る		「ダメ」で手を止める		「パパにどうぞして」など簡単な指示がわかる		なぐり書き（持ち方⇒わしづかみ）	
	スプーンを使い、自分で食べようとする		階段を1段1歩で上がる		同じ年ごろの子どもに寄って行く		目、耳、口など体の部分の名称が2つ以上わかる		ままごとのような再現遊びをする	
2歳 乳幼児期後期	大きなボタンがはめられる		鉄棒にぶら下がれる		他人の表情（笑う・泣く・怒る）を理解する		「パパ、かいしゃ」など2語文で話す		○△□のような型はめや紐通しができる	
	排尿を知らせる		横歩き、後ろ歩き、つま先立ちができる		「自分で」と大人の指示に反抗することがある		赤、青、黄などの色がわかる		真似て、円や十字が描ける	
	スプーンを鉛筆持ちで握るようになる		階段を1段1歩で降りる		子ども同士で追いかけっこをする		日常の簡単な挨拶をする		はさみで1回切りができる	
3歳 幼児期前期	ジッパーの開閉ができる		両足ジャンプができる		ブランコなどの順番を待てる		3つまでの数がわかる		簡単な童謡を1人で歌う	
	オムツがとれる		片足で5秒くらい立てる		テレビの主人公の真似をする		色の名前が5色以上言える		人の絵で顔だけでなく手足が出始める	
	スプーンやフォークが使える		ボールを1回ついて取る		「だるまさんがころんだ」のような簡単なルールを意識して遊ぶ		「ぼく・わたし」の1人称が使えるようになる		はさみで連続切りができる	
4歳 幼児期中期	靴の左右、服の前後がわかり、1人で着替える		片足ケンケンができる		小さい子の世話ができる		絵本の文章を暗記できる		じゃんけんの勝ち負けがわかる	
	自分で尿意を感じて、トイレに行く		鉄棒で前回りができる		勝敗を意識し、負けると悔しがる		「だって、～だから」と理由が言える		描いた絵を説明する	
	フォークと箸を使い分け、こぼさないで食べる		ボールを利き手側で上手投げしたり蹴ったりする		グループで、ごっこ遊びをする		姓名・年齢を正しく言える		はさみで丸を切れる	
5歳 幼児期後期	外出後の手洗いうがい、食後の歯磨きが習慣化する		歌に合わせて簡単なダンスが踊れる		他者の立場や気持ちに配慮できる		子ども同士の会話が理解できる		習った歌を覚えて歌える	
	排尿便の始末が援助なしでできる		ボールを蹴ったり投げたりすることを楽しむ		当番活動などの仕事に取り組める		なぞなぞやしりとりができる		手本を見て、四角、三角が描ける	
	食事のマナーがわかり、食事の時間を意識して食べ切る		スキップができる		じゃんけんを使って順番を決める		昨日の話ができる		積木やブロックを組み合わせて形を作る	
6歳 就学前期	遊びや製作が終わったら後片づけをする		友達と手押し車ができる		社会的なルールやマナーを理解できる		ひらがなや数字が読め、書ける字もある		楽器の分担奏ができる	
	病気の予防、清潔習慣の大切さがわかる		縄跳びの前まわし跳びができる		他者の立場や気持ちを考えて、行動できる		かるたやババ抜きなどのカードゲームができる		地面を意識した説明画が描ける	
	食事の時間にするべきことが1人でできる		竹馬、鉄棒の逆上がりなどに挑戦する		約束を守ろうとする		曜日・季節の名前が言える		コマ回しや折り紙に挑戦する	

（さゆりちゃん）のジェノグラムとエコマップ

＊家族それぞれの関係機関を確認：変更がある場合は、変更時の日付を入れる。

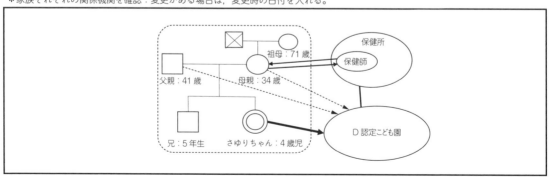

(5) 個別の保育・指導計画（202X年5月作成）

名前 さゆりちゃん（女）	年齢 4歳9か月	所属 私立D認定こども園 4歳児 くま組	（担任 S ）

入園までの情報	関係機関（保健・医療・福祉）の情報
・よく眠らず，すぐに起きてしまっていた。 ・実家や旅行に連れて行くと泣き叫ぶのでなかなか出かけにくかった。	・母は，乳児健診後の育児相談を受け，定期的に保健師と話をしていた。

クラスの様子
- 在籍人数30人，配慮を必要とする幼児が2人いるため，午前・午後1名ずつ加配の保育者がクラスに入る。
- 0～5歳まで，5年保育，各学年1クラス，持ち上がり。

本児の課題	考えられる要因
・新しいことや変化があると嫌がり不安がある。 ・周囲からの刺激に対して過敏がある。	・緊張や予期不安が強い。 　（保健所での母子相談結果より）

長期目標
①活動の内容を理解し，新しい集団活動に参加できる。
②自分で周囲の人に助けを求めることができる。

短期目標（期間　6／1　～　6／30　【 1 】学期　6月期 ）
①自分の好きな魚を作り，釣り堀遊びができる。

具体的な指導

〈クラスの環境構成と全体の支援〉	〈個別の支援〉（合理的配慮）
○「釣り堀を作ろう」の遊びをする。 　・好きな水中の生き物の絵を描く。 　・釣り竿を広告紙や紐，モールで作る。 　・水中の生き物や，釣りで釣れる生き物について調べる。 　・チケット販売，案内係，道具係などの役をして遊ぶ。 ※必要な用具，図鑑，絵本をコーナーに準備する。 ※自分で考えたことを発表する時間を用意する。 ※作成した生き物にひらがなで名前を書くようにする。	・話し合って決めた釣り堀の完成図を描いて掲示しておく。 ・水中の生き物を選択する時に使う図鑑や絵本を決めてあることを伝えておく。 ・釣り竿の作り方を見ながら作れるようにしておく。完成見本も用意しておく。 ・友達が作った作品には，作った友達が決めた生き物の名前が書いてあるので，それを読んで言うことを知らせておく。

短期目標の結果・評価（3段階）　具体的な子どもの姿		保護者の評価
生活習慣	1・2・③　濡れる活動の前に濡れてよい服に着替えた。	・家の手伝いの時も，「袖めくって」「濡れないように」と事前に考えて対処した。 ・家でも「友達の絵に書いてある名前がその魚の名前なんだよ」と説明し，楽しそうだった。
運動	1・2・3	
人間関係	1・②・3　自分の考えをみんなの前で発表するのは難しかった。	
言葉	1・2・③　友達の魚の漢字を読んで「鰯作ったの？」と聞けた。	
遊び（表現）	1・2・③　自分から魚を次々と描いたり貼ったりして作った。	

短期目標の保育の振り返り・今後の見通し・引継ぎ事項
- 見本や具体的な遊びの進み方を説明して貼っておくと，時々確認しに行っていることがあった。不安そうな表情が減り，安心して取り組めた。
- 魚を作っている時に立体的にしようとする工夫がみられたので，褒めたり他児に紹介したりしたことで，自信を持って作り進めていた。
- 「こうしたらどうなるかな」と一緒に予想しながら，時々の対応を先生と一緒に考える体験を積んでいきたい。

(6) 指導内容と指導の経過

　幼児クラスの交流会で，くま組では釣り堀遊びをすることになり，釣り堀に入れる生き物や釣り竿，釣り堀の囲いを作る活動に取り組みました。

　園の図書室から，水中の生き物に関する図鑑や絵本を持ってきて，「この中にあるものにしよう」と決まりました。魚に詳しいさゆりちゃんも図鑑を見ながら，描いたり立体的な物を作ったりと制作を楽しみました。先生は，子どもたちの作品に生き物の名前を書いていきました。そうすることで，作った本人も何を作ったのかを忘れることがなくなり，作品を見た友達も何の生き物を作ったかがわかります。このことは，さゆりちゃんにとって積極的に友達に話しかけるきっかけになりました。今まで近づき難そうにしていた男の子にも話しかけていました。

　次は釣り竿作りです。器用なさゆりちゃんは，作り方を忘れる子どもへの視覚支援として作った工程表を見ながら，広告紙を細く丸めて釣り竿作りに黙々と取り組みます。友達が来て「さゆりちゃんの竿，すごく硬くできているね」と言うと，他の子どもたちが集まってきました。「どうやって，そんなに硬くなったの？」と質問がとびますが，さゆりちゃんは大勢の友達に囲まれ，戸惑っています。

　先生が，工程表を見せて，「何番のところを，一番気をつけたの？」と聞くと，「1番」とさゆりちゃんが答えました。先生が「1番のところで硬くスタートしたんだね」と言うと，「うん」と答えたので，「教えてくれてありがとう」と，褒めました。他の子ども達は，「ぼくもやってみよう！」と，席に戻りました。さゆりちゃんは安心した様子でまた釣り竿作りを続けました。

　7月になり，夏祭りの日が近づいてきました。クラスみんなで去年の夏祭りの様子をDVDで見てみることにしました。子ども達や先生が浴衣や甚平を着て夏祭りのコーナーを回っています。さゆりちゃんが不安そうにしているので，担任が「心配なことがある？」と尋ねました。さゆりちゃんは黙って下を向いていましたが，しばらくして「浴衣……」と言いました。

	ず	せつめい
1		ななめにして かたく まく
2		はしを おる
3		ひもを くくりつける
4		てーぷで とめる
5		もーるを つける
6		できあがり

　浴衣を着てくること，浴衣が家にあるか心配であることなどが，さゆりちゃんの頭の中を駆け巡っていたのです。担任は，「お迎えの時に，お母さんに聞いてみようね」と約束しました。

　さゆりちゃんは，母親に浴衣のことを尋ねることができ，心配はなくなりました。次の日，「さゆりのお家にも浴衣あったよ」と，祖母の手作りの浴衣を見せてもらい試着した時のこと

を嬉しそうに報告してくれました。「夏祭りに着るのが楽しみだね」と担任は声をかけました。そして，さゆりちゃんは，浴衣を着てみんなと夏祭りを楽しむことができました。夏祭りのお迎えに来た母親は，「昨年は，『イヤ，行かない』とぐずってお休みしたのに，今年は朝からすんなりと浴衣を着たので驚いた」と担任に話してくれましたので，ここまで取り組んできた様々なことを母親に伝えました。母親は，「さゆり，夏祭り楽しかったね。おうちでもお話聞かせてね」とさゆりちゃんに言いました。この経験は，さゆりちゃんの自信となり，新しいことにチャレンジしようとするきっかけになりました。

(7) 評価

　3学期に行われた生活発表会では，お話遊びをしました。ストーリーが決まっていることは，さゆりちゃんにとって安心できることでしたが，久しぶりに大勢の観客を入れての開催で（昨年度までは，密を避けるためクラスごとの実施だった），さゆりちゃんにとっては初めての体験でした。

　さゆりちゃんは，兄の発表会の時のDVDを見せてほしいと母親に要求したそうです。保護者の観覧の様子や，舞台がどのように見えているかを確認したことで，「ふうん，わかった。さゆりも大きい声で言うよ」と前向きな様子を見せました。

　その話を聞いた担任は，学芸会で発表するストーリーと，場面ごとのナレーションや台詞を書き込んだ大型絵本を作り，壁一面に並べて貼りました。これは，いつでも何度でも確認できることに加え，迎えに来た母親も見ることができるので，さゆりちゃんと一緒に台詞の練習をすることにも利用できました。このことは，さゆりちゃんの自信につながり，母親の不安を軽減することにも役立ちました。

　3学期末の園内支援会議では，親子を見守っていた保健師からの報告を受け，年長児進級への引継ぎ事項を話し合いました。

　引き続き，具体的な見通しが持てる声かけや確認できる手順表を掲示すること，新しい活動への不安が高いので，できる限り写真や動画を見せて予想できるように準備しておくが，さゆりちゃん自身が要求することを待つ先生達の「受けの姿勢」を大事にしていこうと話し合いました。また，年長児になると人間関係が広がり，対立や競争する場面も増えてきます。さゆりちゃんが傷つきやすい子どもだとしても，降りかかる全ての苦難を取り除くことはできません。ただ，「気にし過ぎ」とか「そんなことくらい大したことではない」と否定するのではなく，「さゆりちゃんはそう感じたんだね」「辛かったんだね」と気持ちを受け止めていくことを，担任の間でしっかり引き継ぎました。

7 上靴を履けない，不器用なうらくん
（私立保育園・5歳児）

(1) 概要

　うらくんは，保育園の5歳児クラスの男の子です。3歳児健診で言葉の遅れを指摘され，「早く集団に入れた方がよい」と言われ，3歳児クラスに入園しました。保護者は，1人目の子どもということもあり，家庭では特に気にされていなかったようです。登園を嫌がることもなく，言葉も少しずつ増えてきましたが，給食に嫌いなピーマンが出た時も黙ってしくしく泣いていただけでした。また，上靴を履くことが嫌で，履かせてもすぐ脱いでしまいます。

　4歳児クラスのフルーツバスケット遊びで，自分の果物ではない時にも動いてしまい，注意されると「もうやらない」とやめてしまいました。4歳児の担任がルールをホワイトボードに書いて説明するとやっと理解でき，遊びに再び参加できました。

　5歳児クラスの5月，折り紙でこいのぼりを作りました。うらくんは，見本や手順表を見ながら折りますが，自分の思うようにきれいに折れず途中でやめてしまいました。

　困ったことがあると，あきらめてやめてしまううらくんの様子が気になり，担任が母親に家での様子を聞きました。これまであまり心配していなかった母親も，就学を前にして，今でも上靴が履けない，袖のある下着が着られないなどの行動や，「ちょっと待っててね」と言った時に待てずに行ってしまうなど，言葉の通じにくさに少し不安を感じられているようでした。

(2) 気づきシート

　担任の先生は，元担任の話からうらくんの「気づきシート」をまとめてみました。

気づきシート　5歳児（ほし）組　名前（うらくん）　　　　　　　　　　記録日　202X年5月

項目	気になる行動	保育者の対応	記録者
基本的生活習慣	トイレは1番左の個室にしか入らないので，間に合わない時もあった。	他も「怖くないよ」とついていって促したが，嫌がるので見守ることにしていた。	3歳児元担任
言葉（コミュニケーション）	クラス全体への指示が入りにくく，一度聞いただけではわからないことがよくあった。	個別にもう一度説明するとうなずくが，わかっている感じがしなかった。	4歳児元担任
遊び（表現）	泥団子作りに「やりたい」と参加するが，丸められずあきらめた。	針で穴を開けたビニール袋に泥を入れて，泥団子作りができるようにした。	4歳児元担任

また，アセスメントシートも記入しましたが，要因をつかめませんでした。そこで，早めに個別の面談をし，心配している母親に「一度専門家のアドバイスを聞いてみましょう」と子ども家庭センターを紹介し，親子で行ってもらうことにしました。

(3) 園内支援会議

6月にセンターからの報告を受け，園内支援会議で話し合いをしました。

❶ 言葉の理解や表現すること，聴覚的な記憶の弱さ，不器用さがある

子ども家庭センターでは，WISC-Ⅳを受けました。結果は，全体的な知的水準は平均の範囲でした。しかし，言葉で考えたり理解したり表現したりすることと，聞いて記憶することに弱さがありました。見た課題を書く課題では，時間を気にせず丁寧に書こうとする様子と筆圧の調整が難しい，操作がぎこちないなどの不器用さが見られました。

❷ 視覚処理，視覚情報を基に推理する力が強い

視覚的な手がかりがあると集中して取り組め，操作したり見たもの同士を関連づけたりして考える力は年齢相当で，うらくんの能力の中では1番強い力でした。

❸ 感覚過敏がある

検査場面での行動観察からも，座り心地や衣服の袖の重なりを気にしたり，靴下を何度も上げ直したりなどの行動がみられました。3歳までの言葉の遅れと❶❷❸を踏まえ，医師からは「自閉スペクトラム症」の診断が出されました。検査結果は，両親で聞きに行かれ，「うらくんにとってわかりやすく過ごしやすい環境を整えてあげましょう。自分からSOSがうまく出せるように，言葉の表現力を伸ばしてあげましょう」とアドバイスされたようです。「本当はすごく困っていたのに気づいてやれずかわいそうなことをしてしまった。これから，入学までできるだけこの子が自分から『教えて』が言え，『わかった』と自信が持てるようにしてやりたい。園でも，ご指導よろしくお願いします」と園に報告に来られました。

❹ 支援の方針

そこで，園でもうらくんの個別の保育・指導計画を立てることにし，就学までの指導目標を，「コミュニケーションに必要な言葉を使うことができることと，指示を理解し，最後まで活動に取り組むことができること」としました。指導の手立てでは，得意な「視覚的な手がかり」を使うこと，全体的な見通しを持たせた後，1つ1つ説明して理解させることを大切にしました。不器用さへの支援として，本児が使いやすい補助具の使用を認めること，また，感覚面の配慮として嫌がることは無理強いしないこととしました。短期目標は，園の保育課程4期（Ⅰ:7〜8月，Ⅱ:9〜10月，Ⅲ:11〜12月，Ⅳ:1〜3月）ごとに評価することにしました。

（4） アセスメントシート　うらくん

*できている項目はチェック欄を 青 で塗りつぶす。短期目標の評価時にできた部分は， 黄 赤 等 に順に塗りつぶす。

年齢時期	①基本的生活習慣	チェック	②運動（粗大・微細）	チェック	③社会性（人間関係）	チェック	④言葉（コミュニケーション）	チェック	⑤遊び（表現）	チェック
0歳 乳児期後期	睡眠のパターンが決まる		物をつまむ，乗せる，入れる，相手に渡す		いないいないばあを喜ぶ		指差されたものを見る		親指と人差し指で小さい物をつまむ	
	手づかみで食べる		1人立ち，つたい歩きをする		後追いや人見知りがみられる		大人の言うことや動作を真似ようとする		積木を持ち替えたり，打ち鳴らせる	
1歳 乳幼児期後期	自分でズボンを脱ごうとする		1人で4歩以上歩く		場所見知りする		意味のある言葉を言う		積木を3～5個積める	
	コップから飲む		滑り台で身体の方向を変えて足から滑る		「ダメ」で手を止める		「パパにどうぞして」など簡単な指示がわかる		なぐり書き（持ち方⇒わしづかみ）	
	スプーンを使い，自分で食べようとする		階段を1段1歩で上がる		同じ年ごろの子どもに寄って行く		目，耳，口など体の部分の名称が2つ以上わかる		ままごとのような再現遊びをする	
2歳 乳幼児期後期	大きなボタンがはめられる		鉄棒にぶら下がれる		他人の表情（笑う・泣く・怒る）を理解する		「パパ，かいしゃ」など2語文で話す		○△□のような型はめや紐通しができる	
	排尿を知らせる		横歩き，後ろ歩き，つま先立ちができる		「自分で」と大人の指示に反抗することがある		赤，青，黄などの色がわかる		真似て，円や十字が描ける	
	スプーンを鉛筆持ちで握るようになる		階段を1段1歩で降りる		子ども同士で追いかけっこをする		日常の簡単な挨拶をする		はさみで1回切りができ	
3歳 幼児期前期	ジッパーの開閉ができる		両足ジャンプができる		ブランコなどの順番を待てる		3つまでの数がわかる		簡単な童謡を1人で歌う	
	オムツがとれる		片足で5秒くらい立てる		テレビの主人公の真似をする		色の名前が5色以上言え		人の絵で顔だけでなく手足が出始める	
	スプーンやフォークが使える		ボールを1回ついて取る		「だるまさんがころんだ」のような簡単なルールを意識して遊ぶ		「ぼく・わたし」の1人称が使えるようになる		はさみで連続切りができる	
4歳 幼児期中期	靴の左右，服の前後がわかり，1人で着替える		片足ケンケンができる		小さい子の世話ができる		絵本の文章を暗記できる		じゃんけんの勝ち負けがわかる	
	自分で尿意を感じて，トイレに行く		鉄棒で前回りができる		勝敗を意識し，負けると悔しがる		「だって，～だから」と理由が言える		描いた絵を説明する	
	フォークと箸を使い分け，こぼさないで食べる		ボールを利き手側で上手投げしたり蹴ったりする		グループで，ごっこ遊びをする		姓名・年齢を正しく言え		はさみで丸を切れる	
5歳 幼児期後期	外出後の手洗いうがい，食後の歯磨きが習慣化する		歌に合わせて簡単なダンスが踊れる		他者の立場や気持ちに配慮できる		子ども同士の会話が理解できる		習った歌を覚えて歌える	
	排尿便の始末が援助なしでできる		ボールを蹴ったり投げたりすることを楽しむ		当番活動などの仕事に取り組める		なぞなぞやしりとりができる		手本を見て，四角，三角が描ける	
	食事のマナーがわかり，食事の時間を意識して食べ切る		スキップができる		じゃんけんを使って順番を決める		昨日の話ができる		積木やブロックを組み合わせて形を作る	
6歳 就学前期	遊びや製作が終わったら後片づけをする		友達と手押し車ができる		社会的なルールやマナーを理解できる		ひらがなや数字が読め，書ける字もある		楽器の分担奏ができる	
	病気の予防，清潔習慣の大切さがわかる		縄跳びの前まわし跳びができる		他者の立場や気持ちを考えて，行動できる		かるたやババ抜きなどのカードゲームができる		地面を意識した説明画が描ける	
	食事の時間にするべきことが1人でできる		竹馬，鉄棒の逆上がりなどに挑戦する		約束を守ろうとする		曜日・季節の名前が言える		コマ回しや折り紙に挑戦する	

（うらくん）のジェノグラムとエコマップ

*家族それぞれの関係機関を確認：変更がある場合は，変更時の日付を入れる。

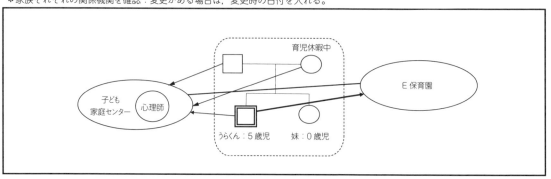

(5) 個別の保育・指導計画（202X 年 7 月作成）

名前 うらくん（男）	年齢 5歳11か月	所属 私立 E 保育園 5歳児 ほし組	（担任 N ）

入園までの情報	関係機関（保健・医療・福祉）の情報
・人見知りがなく，育てやすい子どもだった。嫌いなものは頑として受けつけなかった。迷子になっても泣かなかった。 ・母親が絵本を読もうとするが，あまり見なかった。	・3歳児健診で言葉の遅れを指摘された。

クラスの様子
- 在籍人数31人，配慮を必要とする幼児が1人いるため，午前中のみ加配の保育者がクラスに入る。
- 3年保育，各学年1クラス，持ち上がり。年中児から入園した子どもが11名いる。

本児の課題	考えられる要因
・上靴を嫌がり履くことができない。 ・自分の気持ちを言葉で伝えることができない。 ・細かい作業がうまくできず，やめてしまう。	・言語理解力・表現力の弱さ，聞いて記憶する力の弱さ，不器用，感覚過敏がある。 ※子ども家庭センターでの検査結果より 　聞いて順序だてて考える力より見て情報を推測する力が強い。

長期目標

①コミュニケーションに必要な言葉を使うことができる。
②指示を理解し，最後まで活動に取り組むことができる。

短期目標（期間　7／1　～　8／31　Ⅱ期　）

①制作した卵の特徴の説明ができる。

具体的な指導

〈クラスの環境構成と全体の支援〉	〈個別の支援〉（合理的配慮）
○「恐竜の国を作ろう」の遊びをする。 　・新聞紙と和紙を三角に切り，膨らませた風船全体に糊づけできたら，数日乾かす。 　・風船の紙が乾いているかを自分で確認し，好きな恐竜や自分で考えた恐竜の卵の模様を絵の具で描く。 　・恐竜の種類や生活について調べて発表する。 ※必要な用具，図鑑，DVD をコーナーに準備する。 ※発表用の構文カードと文字カードを用意する。	・折り目つきと三角に切ってある新聞紙と和紙の2パターンを用意しておく。 ・スティック糊，手拭きタオルを用意する。 ・本児がイメージした模様を描きやすくするために，色々な模様を描ける定規を用意する。 ・絵本に出てきた恐竜の特徴を示す言葉をカードにして貼っておく。

短期目標の結果・評価（3段階）　具体的な子どもの姿			保護者の評価
生活習慣	1・2・3		・定規が気に入り鉛筆で何度も形を描き，塗り絵をする遊びに凝っていた。 ・恐竜カードに興味を持ち，書いてあることを聞いたり読んだりして覚えようとしていた。
運動	1・2・③	自分の使えそうな道具を選んで使えた。	
人間関係	1・2・③	一緒に図鑑を見たり恐竜の特徴を覚えたりした。	
言葉	1・2・③	好きな言葉カードを選び友達の模倣をして発表した。	
遊び（表現）	1・②・3	糊づけには時間がかかったが，色づけは楽しんだ。	

短期目標の保育の振り返り・今後の見通し・引継ぎ事項
- 風船に紙をスティック糊で貼って押さえる作業を，タオルで手を拭きながらも最後まで丁寧にできた。
- 折ったり切ったりの作業工程を減らしたことで，本児の好きな模様を描く作業が友達とほぼ同じペースで取り組め，一緒に完成できたことを喜んだ。
- 自分の卵の特徴を発表する時は，友達が発表するのを見て，自分も構文カードを頼りに覚えた説明が言えた。
- 「言い方の見本：構文カード」があると話しやすいことがわかったので，その後の遊びにも取り入れた。

⑹ 指導内容と指導の経過

　Ⅱ期のクラス活動として「恐竜の国」を作ることになりました。恐竜の卵は，膨らませた風船に薄い紙を何度も貼り重ねていく「張り子」にしてみることになりました。

　保育者は，うらくんの不器用さに配慮しあらかじめ新聞紙や和紙に折り目をつけておきました。また，ばねつきはさみなどいろいろなはさみを用意しておき，切りやすいはさみを選べるようにしました。うらくんだけではなく，誰もが使いたいはさみを選択できるように用意しておいたことで，「こっちが切りやすい」とばねつきはさみを選ぶ子もいました。子ども自身ができる方法を自由に選択する場面を用意したことで，普段見過ごしていた子どものニーズに保育者が気づくきっかけにもなりました。また，できあがりまでの制作過程をイラストで掲示したので，それを見ながらうらくんも他児と同じペースで進めることができました。

　卵の模様を描きやすいように用意したいろいろな形の空いた定規はうらくんも気に入り，自分の好きな模様をたくさん描きました。

　制作した卵の発表時，「私の卵は〇〇の模様がたくさんあります」「△△色をたくさん使いました」「□□の得意な恐竜になります」の構文カードを用意し，模様の説明は絵やテンプレートの定規を見る，色は折り紙の見本，特徴は恐竜カードから選んで言えるよう一緒に掲示しました。うらくんは少し不安そうでしたが，保育者に構文を読んでもらい，カードの中から選べばいいとわかり，大好きな「水色」を選びました。そして，「水色をたくさん使いました」と無事発表することができました。友達から拍手されたうらくんは，ちょっぴり照れながらも自信が持てた様子でした。

　11月後半は，生活で使う言葉を集めたかるた遊びをしました。

　「あ：あさのあいさつ，げんきなおはよう」など，うらくんは，繰り返し遊びながら，取り手だけでなく読み手にも挑戦しました。その中で，「生活の中でこんな時どう言うのか」を覚えました。ブランコを交代する時に友達に「長いこと待っていてくれてありがとう」と言うなど，場面に合った言葉が出てくるようになりました。

⑺ 評価

　こうして，学年末には個別の保育・指導計画の長期目標を「おおむね達成」し，うらくんは，わからなくなって途中で遊びをやめてしまうことはなくなりました。

　また，園と小学校との就学前連絡会では，次のページのような「移行支援シート」を作成し，小学校の特別支援教育コーディネーターの先生にも出席してもらい，うらくんについて引き継ぎました。小学校の先生は，子ども参観日への参加，入学式前の予行などをして小学校のイメージを持ってもらえるようにするということでした。園では，一斉指示に耳を傾け，友達との

コミュニケーションも活発になってきたうらくんですが，学校では，新しい学習用語の聞き漏らしを防ぎ，言葉の意味を理解するために確認できるよう，視覚的な支援もお願いしました。そして，不器用さから書字に時間がかかる可能性が考えられることを伝えると，入学後は，通常の学級での指導以外に，ことばの教室への通級も検討してみましょうということになりました。

うらくんの移行支援シート

名前 ○○　うら	**生年月日**　●年△月□日 **保育期間**　●年△月□日～●年△月□日	私立E保育園 担任：N
連携機関	・子ども家庭センター（202X年6月初回相談）担当：□□ ・ことばの教室（4月より予定）	
◎**心理検査の結果** ◎**基本的生活習慣** ◎**遊び** 　・**言葉** 　・**対人関係** 　・**社会性** 　・**表現** 　・**運動面**	・専門医●●より，自閉スペクトラム症の診断あり。 ・感覚過敏あり。上靴を履けない。滑り止めつき靴下を使用。脇部分の重なりを嫌がる。タンクトップは着る。糊や砂，粘土を触りたがらない。 　⇒合理的配慮：無理強いせず，自発的に可能な方法を本児と話し合う。 ・言葉の理解力や表現力，耳で聞いて記憶することに苦手さがあり。 　⇒説明を視覚的に提示し，他児の見本があると理解して参加できる。 ・友達との遊び：聞いただけではルールなども忘れやすい。 　⇒視覚化すると確認しながら進められる。 ・初めての活動や人への不安が高い。 　⇒先に全体の見通しを持たせてから部分を確認する手立てをとると落ち着いて活動に参加できる。 ・書字は丁寧に書くことができるが時間がかかる。 　⇒板書時の配慮が必要。 ・細かい作業は苦手。 　⇒ばねつきはさみなどの補助道具の使用を認め，道具は自分で選択させる。	
◎**得意なこと・** 　**好きなこと**	・絵合わせカードゲーム。 ・ブロックでイメージを膨らませて作ること。 ・家で，母親とレシピを見ながらお菓子を作ること。	

8 まじめで頑張り屋，だけど絵が苦手なあやちゃん
（市立幼稚園・5歳児）

(1) 概要

　あやちゃんは，3年保育児の年長組になりました。兄も通園していた幼稚園でしたので，入園後も友達と仲よく遊べました。しかし，入室時，自分の座る場所がわからないと不安そうにしていました。年少組の担任は，園児椅子に名前のシールを貼っていました。あやちゃんは，それでも探すのに時間がかかるので，いつもピアノの横を指定席にしていました。

　年中組の運動会で，初めて隊形移動のあるダンスをしました。踊り方は上手でいつも1番前で踊っていたあやちゃんは，2曲目のサークル移動の時に立ち尽くしてしまいました。そこで，サークルの並ぶ場所にリボンを打ちました。かるた遊びでは，ひらがなは読めているのに，「へ」と「く」を同じと言ったり「向きがぐちゃぐちゃ気持ち悪い」と怒ったりします。家でも「自分の名前の『や』が『**や**』と別の書体で表記されると『違う』と言う」「鏡文字が直らない」などの行動から，母親が「小学校は大丈夫でしょうか」と年長組の担任に相談しました。

(2) 気づきシート

　担任の先生は，4月末の職員会議であやちゃんの気づきシートをまとめてみたところ，上述したエピソード以外にも以下のような行動が明らかになりました。

気づきシート　5歳児（ぞう）組　名前（あやちゃん）　　　　　記録日　202X年4月

項目	気になる行動	保育者の対応	記録者
運動（粗大・微細）	計測カードの名前の欄に，自分の名前の「あ」を十字に○と一で書いた。	他の子ども達は「あやちゃんマーク」と呼んでいた。	養護教諭
社会性（人間関係）	並ぶ順番が覚えにくく，うろうろしていた。	いつも「特定の子の次」と決めていた。	年少担任
遊び（表現）	「好きな絵を描いて」と言われると戸惑い，隣の子の真似をして描く。	真似して描いても怒らない友達と並んで描かせたが，配置やバランスが悪い。	年中担任

　このように，他の職員からもあやちゃんの行動が報告されました。担任は，アセスメントシートを記入してみましたが，要因がつかめなかったので，隣のことばの教室の先生に一度紹介してみることにしました。母親はすぐに本児を連れてことばの教室に行きました。

(3) 園内支援会議

　5月にことばの教室で相談と検査を終えたあやちゃんについて，ことばの教室の担当者を交えて園内支援会議で話し合いをしました。あやちゃんの行動の要因が明らかになりました。

❶ 見る力の弱さ

　3歳児健診後に弱視だったあやちゃんですが，視力は出ているので，眼科医からはもう1年眼鏡をかければ大丈夫と言われています。しかし，視力の善し悪しとは別の視覚情報処理機能にアンバランスがあるとわかりました。視覚情報処理機能とは，目から入ってきた情報を脳の中で認識する力です。方向を認識しにくいため，文字の向きがどうなっているのか混乱しやすいようです。また，視覚情報を基にした空間での自分の位置の把握や，物と人と自分の位置関係を認識する力も弱いことが，集団活動でのまごつきの原因と考えられました。

❷ 継次処理能力が強い

　ことばの教室では，KABC-Ⅱを受けました。

　結果は，全体的な知的水準は平均（認知処理尺度＜習得尺度），同時処理能力（複数の情報が一度に入ってきた時に一度に処理する力）が継次処理能力（1つずつの情報が入ってきた場合に順番に処理する力）に比べて弱い（継次尺度＞学習尺度＞同時尺度）ということでした。

　このことから，あやちゃんは，継次処理が得意な子どもであるとわかりました。

❸ 支援の方針

　以上の結果を踏まえて，指導目標を，「絵を描くことや，ひらがなを書くことが楽しめるようになることと，2学期にある運動会のフラッグを使ったダンスに自信を持って取り組めるようにすること」にしました。

　指導の手立てでは，得意な「聴覚的言語的な手がかり」を使うこと，やり方を示して段階的な教え方をすること，小さい部分から始めて全体を組み立てる方向性を大事にすることにしました。

　見る力の支援として，方向を示す言葉（左右，上下，前後，表裏）を使って意識してみることと，重なりがわかりにくいので，筆順は色別にすること，形の捉えやすいカタカナの書きから始めることなどを話し合いました。

　また，夏休み以降は，ことばの教室に週1回通級し，ひらがなの書きや絵描き歌を使った絵の指導を受けることになりました。短期目標は，園の保育課程の期（6期）ごとに評価し，次の短期目標を考えることにしました。

(4) アセスメントシート　あやちゃん

＊できている項目はチェック欄を 青 で塗りつぶす。短期目標の評価時にできた部分は、 黄 赤 等 に順に塗りつぶす。

年齢・時期		①基本的生活習慣	チェック	②運動（粗大・微細）	チェック	③社会性（人間関係）	チェック	④言葉（コミュニケーション）	チェック	⑤遊び（表現）	チェック
0歳	乳児期後期	睡眠のパターンが決まる		物をつまむ，乗せる，入れる，相手に渡せる		いないいないばあを喜ぶ		指差されたものを見る		親指と人差し指で小さい物をつまむ	
		手づかみで食べる		1人立ち，つたい歩きする		後追いや人見知りがみられる		大人の言うことや動作を真似ようとする		積木を持ち替えたり，打ち鳴らせる	
1歳	乳幼児期後期	自分でズボンを脱ごうとする		1人で4歩以上歩く		場所見知りする		意味のある言葉を言う		積木を3〜5個積める	
		コップから飲む		滑り台で身体の方向を変えて足から滑る		「ダメ」で手を止める		「パパにどうぞして」など簡単な指示がわかる		なぐり書き（持ち方⇒わしづかみ）	
		スプーンを使い，自分で食べようとする		階段を1段1歩で上がる		同じ年ごろの子どもに寄って行く		目，耳，口など体の部分の名称が2つ以上わかる		ままごとのような再現遊びをする	
2歳	乳幼児期後期	大きなボタンがはめられる		鉄棒にぶら下がれる		他人の表情（笑う・泣く・怒る）を理解する		「パパ，かいしゃ」など2語文で話す		○△□のような型はめや紐通しができる	
		排尿を知らせる		横歩き，後ろ歩き，つま先立ちができる		「自分で」と大人の指示に反抗することがある		赤，青，黄などの色がわかる		真似て，円や十字が描ける	
		スプーンを鉛筆持ちで握るようになる		階段を1段1歩で降りる		子ども同士で追いかけっこをする		日常の簡単な挨拶をする		はさみで1回切りができる	
3歳	幼児期前期	ジッパーの開閉ができる		両足ジャンプができる		ブランコなどの順番を待てる		3つまでの数がわかる		簡単な童謡を1人で歌う	
		オムツがとれる		片足で5秒くらい立てる		テレビの主人公の真似をする		色の名前が5色以上言える		人の絵で顔だけでなく手足が始めかる	
		スプーンやフォークが使える		ボールを1回ついて取る		「だるまさんがころんだ」のような簡単なルールを意識して遊ぶ		「ぼく・わたし」の1人称が使えるようになる		はさみで連続切りができる	
4歳	幼児期中期	靴の左右，服の前後がわかり，1人で着替える		片足ケンケンができる		小さい子の世話ができる		絵本の文章を暗記できる		じゃんけんの勝ち負けがわかる	
		自分で尿意を感じて，トイレに行く		鉄棒で前回りができる		勝敗を意識し，負けると悔しがる		「だって，〜だから」と理由が言える		描いた絵を説明する	
		フォークと箸を使い分け，こぼさないで食べる		ボールを利き手側で上手投げしたり蹴ったりする		グループで，ごっこ遊びをする		姓名・年齢を正しく言える		はさみで丸を切れる	
5歳	幼児期後期	外出後の手洗いうがい，食後の歯磨きが習慣化する		歌に合わせて簡単なダンスが踊れる		他者の立場や気持ちに配慮できる		子ども同士の会話が理解できる		習った歌を覚えて歌える	
		排尿便の始末が援助なしでできる		ボールを蹴ったり投げたりすることを楽しむ		当番活動などの仕事に取り組める		なぞなぞやしりとりができる		手本を見て，四角，三角が描ける	
		食事のマナーがわかり，食事の時間を意識して食べ切る		スキップができる		じゃんけんを使って順番を決める		昨日の話ができる		積木やブロックを組み合わせて形を作る	
6歳	就学前期	遊びや製作が終わったら後片づけをする		友達と手押し車ができる		社会的なルールやマナーを理解できる		ひらがなや数字が読め，書ける字もある		楽器の分担奏ができる	
		病気の予防，清潔習慣の大切さがわかる		縄跳びの前まわし跳びができる		他者の立場や気持ちを考えて，行動できる		かるたやババ抜きなどのカードゲームができる		地面を意識した説明画が描ける	
		食事の時間にするべきことが1人でできる		竹馬，鉄棒の逆上がりなどに挑戦する		約束を守ろうとする		曜日・季節の名前が言える		コマ回しや折り紙に挑戦する	

（あやちゃん）のジェノグラムとエコマップ

＊家族それぞれの関係機関を確認：変更がある場合は，変更時の日付を入れる。

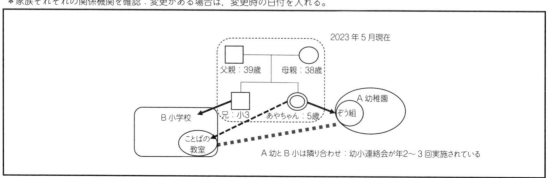

(5) 個別の保育・指導計画（202X年5月作成）

名前 あやちゃん（女）	年齢 5歳6か月	所属 市立A幼稚園　5歳児　ぞう組	（担任　Y　）

入園までの情報	関係機関（保健・医療・福祉）の情報
・乳児の時は育てやすい子どもだった。 ・言葉が早くおしゃべり，歌うのが得意。	・3歳児健診で弱視と指摘され，眼鏡をかける。

クラスの様子
・在籍人数28人，配慮を必要とする幼児が2人いるため，午前中のみ加配の保育者がクラスに入る。
・3年保育，各学年1クラス，持ち上がりで，子ども同士は仲がよい。
　（幼稚園の隣に，B小学校があり，B小学校には，幼児から通えることばの教室がある。）

本児の課題	考えられる要因
・絵を描くのが苦手。 ・「へ」と「く」は同じ字だと言い，鏡文字が見られる。 ・運動会のダンスの隊形で自分の場所がわからない。	・視覚情報の入力のまずさ，空間関係の捉え方の困難があるのではないか。 ※ことばの教室での検査結果より 　継次処理能力が，同時処理能力より強い。

長期目標
①絵を描くことや，ひらがなを書くことが楽しめるようになる。
②自分の場所を理解して集団活動に参加できる。

短期目標（期間　5／20　～　6／20　【1】学期　中期　）
①自分の好きな動物を作ったり描いたりできる。

具体的な指導

〈クラスの環境構成と全体の支援〉	〈個別の支援〉（合理的配慮）
○「ぞう組サファリを作ろう」の遊びをする。 　・好きな動物の絵を描く，折り紙で動物を折る。 　・それぞれの動物が住むエリアを決め，立て札を作る。 　・動物の飼育について調べる。 　・チケット販売，飼育員，案内係などの役をして遊ぶ。 ※必要な用具，図鑑，DVDをコーナーに準備する。 ※自分で考えたことを発表する時間を用意する。 ※立て札作成コーナーにカタカナの50音表を貼る。	・作りたい動物の折り紙の手順表を用意しておく。 ・絵を描く時には，動物の特徴を言葉で表現しながらイメージできるようにする。 ・動物の名前がカタカナ表を見ながら書けるようにしておく（筆順ごとに色を変えた文字の見本を用意）。 ・あやちゃんの得意な場内放送のアナウンスができる場所も用意し，必要な道具を作成できる廃材を準備する。

短期目標の結果・評価（3段階）　具体的な子どもの姿			保護者の評価
生活習慣	1・2・3		・折り紙遊びが好きになり，手順表を持ち帰って作った。 ・折った動物をスケッチブックに貼って「動物の家」にし，餌をクレヨンで描き入れていた。
運動	1・2・3		
人間関係	1・2・③	友達に教えてもらいながら折り紙を折った。	
言葉	1・2・③	順番を表す言葉を使って説明した。	
遊び（表現）	1・②・3	看板の「ゴリラ」の「ゴ」が鏡文字になっていた。	

短期目標の保育の振り返り・今後の見通し・引継ぎ事項
・真っ白の画用紙に絵を描くことには抵抗があるが，折り紙の動物を貼ると，付属の物（人参やふわふわ巣箱等）を描き込む遊びが楽しめるようになった。
・折り紙の手順表は，上から下に見てできるように示すと安心して取り組めた。
・1学期後期には，場所を示す言葉を意識して使えるようにしてみる。
・カタカナ表を見ながら書いても，「コ」「フ」が鏡文字になってしまうので，再度ことばの教室に相談する。

⑹ 指導内容と指導の経過

　春の親子遠足で，サファリパークに行った後，ぞう組では自分達のサファリパークを作る活動に取り組みました。動物の絵を描くことに抵抗が大きい子どものために，折り紙で作る動物もOKにしました。中には廃材で立体的に作りたがる子どももいて様々な動物ができあがりました。「絵を描くの？」と不安そうな顔のあやちゃんは，「折り紙で作ってみる」と言いました。

　一般の折り紙の本は，見開きに図があって折る順番がわかりにくいため，手順を1つ1つ区切ってわかりやすく言語化し，工程がわかりやすいように縦一列にした見本表を用意しました。これは，園に来ていた実習生に「折り紙の折り方がわかりやすい見本を作って」と依頼し，作成してもらいました。上から順番に折っていけばできあがるので，大人が側にいなくても子ども自身で「次はうさぎ」などと折り方を選び，同じ動物を折る子ども同士で教え合いをしながら作っていけました。

　同じサルでも，「ゴリラ」か「オラウータン」かがわかるように，立て札があった方がよいという子どもの提案を受け，立て札作りも始まりました。立て札に動物の名前を書くための手助けとしてカタカナの50音表を用意しました。曲線が少ない分書きやすかったようでした。また，筆順に合わせて色が変わっているのをデザインと思ったようで，画ごとに意識して色を変えることを楽しみました。

　話すことが好きなあやちゃんは，最初場内アナウンスの係をしていました。「10時からうさぎの餌やりタイムが始まります。餌をやりたい人は，うさぎの家の前に来てください」などと言うのですが，トイレットペーパーの芯にスポンジボールをつけたマイクとおもちゃの鉄琴を最初と最後に鳴らすなどの本格的なやり方で，友達から「かっこいい」と褒められていました。

　気をよくしたあやちゃんは，その後ツアーガイドも考えついて，友達と一緒にサファリパークの地図を作りました。「入口から右手すぐのところにぞうの親子がいます。そこから真っすぐ行くとサル山です」など，地図と見比べながら必死になって小さい組の団体客を引率していました。

うさぎの折り紙の折り方

	ず	せつめい
1		さんかくに　はんぶん　おる
2		はんぶんに　おりめを　つける
3		てんせんで　おる（うさぎの　みみ）
4		まんなかにむかって　ななめに　おる
5		かどを　おって　うらがえす
6		てんせんで　うらに　おる
7		てんせんで　うらに　3かしょ　おる
8		ぺんで　めと　くちを　かく
9		できあがり

この体験は，2学期のフラッグを使ったダンスの時に役立ちました。曲に合わせたダンスの動きは覚えられても，左右の隊形が交差して移動したり，斜めに風車のように動いたりすることはとても難しいのですが，「最初の歌の隊形」「2番になったら，向かい合わせで動く」「間奏の間に，園庭の真ん中を中心に滑り台の方に並ぶ」「3番が始まったら，右を向いて横の友達と真っすぐになるように歩く」など，言葉と隊形図を見ながら覚えました。

夏休みから始まったことばの教室では，週1回60分の時間に，点つなぎや迷路遊びなどの書く遊び，「ミラー遊び」という向かい合わせで同じ動作をする遊び，「どこが変身した？」と左右の絵を見て間違い探しをするような遊び，「同じ文字探し」と床に広げたひらがなカードの中から同じ文字を見つける遊びなどに取り組んでいました。

おかげで3学期のかるた遊びの時には，「向きが違う」と怒ることなく遊びに参加していました。

ダンスのたいけいいどう

〈1〉 さいしょのうたのたいけい

〈2〉 むかいあわせでうごく

〈かんそう〉 えんていのまんなかからすべりだいのほうへ

〈3〉 みぎをむいてよこのともだちとまっすぐ

(7) 評価

3学期の短期目標は，「楽しかった幼稚園の遊びの絵を描こう」でしたが，あやちゃんは1学期に取り組んだ「ぞう組サファリを作ろう」の絵を描きました。動物も「丸いお顔に，お耳がぴょん，お耳がぴょん，コッペパンに手足が出てきたらあっという間にうさぎさん」のような絵描き歌をことばの教室で作って描く練習をしていたので，うさぎの餌コーナーや三角サル山に子ザル達を描くなど，ガイドの経験を生かした俯瞰図を描くことができました。

また，3学期末の園内支援会議には，ことばの教室の先生だけでなく，小学校の特別支援教育コーディネーターの先生にも出席してもらい，1年生への引継ぎ事項を話し合いました。

広い小学校内で迷子にならないようにあやちゃんには早めに校内探索をすること，それを基に学校の見取り図を描いてみること，またひらがなの鏡文字はなくなりましたが，2学期以降に漢字の形を覚える時にも書き順を言いながら確認することなどを依頼しました。板書をノートに写すことにも戸惑うかもしれないので，板書とノートの内容を一致させ，部分的な書き込みでノートを完成させるような方法もあると，ことばの教室の先生に教えてもらいました。

アセスメントシート：発達目安表　　　　　　　　　　記入日＿＿年＿＿月

＊できている項目はチェック欄を 青 で塗りつぶす。短期目標の評価時にできた部分は， 黄 赤 等 に順に塗りつぶす。

年齢時期	①基本的生活習慣	チェック	②運動（粗大・微細）	チェック	③社会性（人間関係）	チェック	④言葉（コミュニケーション）	チェック	⑤遊び（表現）	チェック
0歳 乳児期後期	睡眠のパターンが決まる		物をつまむ，乗せる，入れる，相手に渡せる		いないいないばあを喜ぶ		指差されたものを見る		親指と人差し指で小さい物をつまむ	
	手づかみで食べる		1人立ち，つたい歩きする		後追いや人見知りがみられる		大人の言うことや動作を真似ようとする		積木を持ち替えたり，打ち鳴らせる	
1歳 乳幼児期後期	自分でズボンを脱ごうとする		1人で4歩以上歩く		場所見知りする		意味のある言葉を言う		積木を3〜5個積める	
	コップから飲む		滑り台で身体の方向を変えて足から滑る		「ダメ」で手を止める		「パパにどうぞして」など簡単な指示ができる		なぐり書き（持ち方⇒わしづかみ）	
	スプーンを使い，自分で食べようとする		階段を1段1歩で上がる		同じ年ごろの子どもに寄って行く		目，耳，口など体の部分の名称が2つ以上わかる		ままごとのような再現遊びをする	
2歳 乳幼児期後期	大きなボタンがはめられる		鉄棒にぶら下がれる		他人の表情（笑う・泣く・怒る）を理解する		「パパ，かいしゃ」など2語文で話す		○△□のような型はめや紐通しができる	
	排尿を知らせる		横歩き，後ろ歩き，つま先立ちができる		「自分で」と大人の指示に反抗することがある		赤，青，黄などの色がわかる		真似て，円や十字が描ける	
	スプーンを鉛筆持ちで握るようになる		階段を1段1歩で降りる		子ども同士で追いかけっこをする		日常の簡単な挨拶をする		はさみで1回切りができる	
3歳 幼児期前期	ジッパーの開閉ができる		両足ジャンプができる		ブランコなどの順番を待てる		3つまでの数がわかる		簡単な童謡を1人で歌う	
	オムツがとれる		片足で5秒くらい立てる		テレビの主人公の真似をする		色の名前が5色以上言える		人の絵で顔だけでなく手足が出始める	
	スプーンやフォークが使える		ボールを1回ついて取る		「だるまさんがころんだ」のような簡単なルールを意識して遊ぶ		「ぼく・わたし」の1人称が使えるようになる		はさみで連続切りができる	
4歳 幼児期中期	靴の左右，服の前後がわかり，1人で着替える		片足ケンケンができる		小さい子の世話ができる		絵本の文章を暗記できる		じゃんけんの勝ち負けがわかる	
	自分で尿意を感じて，トイレに行く		鉄棒で前回りができる		勝敗を意識し，負けると悔しがる		「だって，〜だから」と理由が言える		描いた絵を説明する	
	フォークと箸を使い分け，こぼさないで食べる		ボールを利き手側で上手投げしたり蹴ったりする		グループで，ごっこ遊びをする		姓名・年齢を正しく言える		はさみで丸を切れる	
5歳 幼児期後期	外出後の手洗いうがい，食後の歯磨きが習慣化する		歌に合わせて簡単なダンスが踊れる		他者の立場や気持ちに配慮できる		子ども同士の会話が理解できる		習った歌を覚えて歌える	
	排尿便の始末が援助なしでできる		ボールを蹴ったり投げたりすることを楽しむ		当番活動などの仕事に取り組める		なぞなぞやしりとりができる		手本を見て，四角，三角が描ける	
	食事のマナーがわかり，食事の時間を意識して食べ切る		スキップができる		じゃんけんを使って順番を決める		昨日の話ができる		積木やブロックを組み合わせて形を作る	
6歳 就学前期	遊びや製作が終わったら後片づけをする		友達と手押し車ができる		社会的なルールやマナーを理解できる		ひらがなや数字が読め，書ける字もある		楽器の分担奏ができる	
	病気の予防，清潔習慣の大切さがわかる		縄跳びの前まわし跳びができる		他者の立場や気持ちを考えて，行動できる		かるたやババ抜きなどのカードゲームができる		地面を意識した説明画が描ける	
	食事の時間にするべきことが1人でできる		竹馬，鉄棒の逆上がりなどに挑戦する		約束を守ろうとする		曜日・季節の名前が言える		コマ回しや折り紙に挑戦する	

（　　　　　　　　　　　　）のジェノグラムとエコマップ

＊家族それぞれの関係機関を確認：変更がある場合は，変更時の日付を入れる。

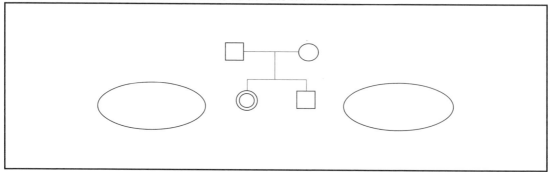

_____年度　個別の保育・指導計画　　　　　　　　　　　　　　_____年___月作成

名前	（　　）	年齢	所属	歳児	組	（担任　　　）

入園までの情報	関係機関（保健・医療・福祉）の情報

クラスの様子

本児の課題	考えられる要因

長期目標

短期目標（期間　　／　　〜　　／　　【　　】学期　　　　）

具体的な指導

〈クラスの環境構成と全体の支援〉	〈個別の支援〉（合理的配慮）

短期目標の結果・評価（３段階）　具体的な子どもの姿		保護者の評価
生活習慣	1・2・3	
運動	1・2・3	
人間関係	1・2・3	
言葉	1・2・3	
遊び（表現）	1・2・3	

短期目標の保育の振り返り・今後の見通し・引継ぎ事項

参考文献

- 一般社団法人特別支援教育士資格認定協会編，花熊曉，鳥居深雪監修（2023）『特別支援教育の理論と実践［第4版］』金剛出版
- 上野一彦監修（2021）『ユーキャンの発達障害の子の保育さいしょの一冊　第2版』自由国民社
- 上野一彦・松田修・小林玄・木下智子（2015）『日本版 WISC-IV による発達障害のアセスメント』日本文化科学社
- 尾崎康子・阿部美穂子・水内豊和編著（2020）『よくわかるインクルーシブ保育』ミネルヴァ書房
- 加藤寿宏監修（2019）『子ども理解からはじめる感覚統合遊び』クリエイツかもがわ
- 木曽陽子著（2016）『発達障害の可能性がある子どもの保護者支援』晃洋書房
- 木村順著（2014）『保育者が知っておきたい発達が気になる子の感覚統合』学研教育出版
- 久保山茂樹著（2023）「共生社会の担い手を育むためのインクルーシブな保育の実現」『発達』173，p64-71，ミネルヴァ書房
- 酒井幸子，中野圭子著（2023）『みんなにやさしいインクルーシブ保育』ナツメ社
- 竹田契一監修（2013）『保育における特別支援』日本文化科学社
- 鶴宏史編著（2018）『障害児保育』晃洋書房
- 藤田和弘監修（2015）『長所活用型指導で子どもが変わる Part4』図書文化社
- 西永堅著（2021）『子どもの発達障害とソーシャルスキルトレーニングのコツがわかる本』ソシム
- 藤田和弘・石隈利紀・青山真二・服部環・熊谷恵子・小野純平監修（2014）『エッセンシャルズ KABC-II による心理アセスメントの要点』丸善出版
- 山中京子（2003）「医療・保健・福祉領域における「連携」概念の検討と再構成」『社会問題研究』53(1)，p.1-22，大阪府立大学人間社会システム科学研究科人間社会学専攻社会福祉学分野

【著者紹介】

高畑　芳美（たかはた　よしみ）
兵庫大学教育学部教育学科教授
特別支援教育士SV・公認心理師・言語聴覚士

米田　順子（よねだ　じゅんこ）
星槎大学客員研究員
特別支援教育士SV・保育士

木曽　陽子（きそ　ようこ）
大阪公立大学大学院現代システム科学研究科准教授
特別支援教育士SV・保育士・社会福祉士

〔イラスト〕たかはたよしみ・よねだじゅんこ

特別支援教育サポートBOOKS
発達障害のある子への
やさしい「個別の保育・指導計画」作成ガイド

2024年4月初版第1刷刊　ⓒ著　者　高　畑　芳　美
　　　　　　　　　　　　　　　　米　田　順　子
　　　　　　　　　　　　　　　　木　曽　陽　子
　　　　　　　　　　発行者　藤　原　光　政
　　　　　　　　　　発行所　明治図書出版株式会社
　　　　　　　　　　http://www.meijitosho.co.jp
　　　　　　　　　　（企画）佐藤智恵（校正）nojico
　　　　　　〒114-0023　東京都北区滝野川7-46-1
　　　　　　振替00160-5-151318　電話03(5907)6703
　　　　　　　　　　　ご注文窓口　電話03(5907)6668

＊検印省略　　　　　組版所　中　央　美　版

Printed in Japan　　　　ISBN978-4-18-268513-2
もれなくクーポンがもらえる！読者アンケートはこちらから→